EXAMEN

DE QUELQUES QUESTIONS

D'ÉCONOMIE POLITIQUE.

A LONDRES, chez Bossange père, libraire.

A LYON, chez Bohaire, libraire, rue Puits-Gaillot.

EXAMEN

DE QUELQUES QUESTIONS

D'ÉCONOMIE POLITIQUE,

ET NOTAMMENT

DE L'OUVRAGE DE M. FERRIER

INTITULÉ

DU GOUVERNEMENT

CONSIDÉRÉ DANS SES RAPPORTS AVEC LE COMMERCE.

Par M. Du Bois-Aymé,

Correspondant de l'Institut royal de France, de l'Académie des Sciences de Turin, de Florence, de Marseille, etc.; Membre de la Commission des Sciences et des Arts d'Égypte, de la Société italienne, etc., etc.

A PARIS,

CHEZ PELICIER, LIBRAIRE, PLACE DU PALAIS-ROYAL.

1823.

OBSERVATIONS GÉNÉRALES,

ET

EXAMEN DU DISCOURS PRÉLIMINAIRE DE M. FERRIER.

En lisant la plupart des ouvrages qui ont été publiés sur l'économie politique, on est surpris, je dirai même fatigué, de voir des principes énoncés par les uns comme des vérités incontestables, être repoussés par les autres comme de grandes erreurs, et de trouver, ce qui est encore plus surprenant, le même auteur souvent en contradiction avec lui-même.

Le moyen qui se présente d'abord pour juger les uns et les autres, est de ne pas se tenir renfermé dans les considérations générales, purement spéculatives; mais d'appliquer les principes à des cas particuliers bien déterminés. Arrive-t-on à une solution que l'expérience nous avait fait connaître d'avance, il semblerait que les principes ainsi éprouvés sont admissibles. Mais ne nous hâtons pas de prononcer ; car vient une autre application, et l'on n'obtient plus qu'un résultat ou absurde ou contraire à l'expérience. On est donc forcé de reconnaître qu'en économie politique, il est peu de principes absolus, peu de règles générales.

Comment, en effet, peut-on poser des règles d'économie politique propres également à tous les pays de la terre? Leur position physique, leurs mœurs, la forme de leur gouvernement, sont-elles donc partout les mêmes? Ce qui convenait à Rome, aspirant à la conquête de l'univers, convenait-il également à Lacédémone, repoussant les richesses et ne voulant que son indépendance? Le système commercial des Anglais pouvait-il être celui de la République de Gênes?

Ceux qui ont écrit sur l'économie politique ont eu quelquefois le tort de ne considérer que des cas particuliers, que souvent même ils ne cherchaient pas chez tel ou tel peuple, mais qu'ils créaient par des abstractions, et d'en déduire des règles générales applicables à tous les cas, c'est-à-dire, à des cas très-différens. C'est comme si un mathématicien, après avoir trouvé la formule du mouvement d'un corps dans le vide, voulait appliquer cette formule au mouvement du même corps dans un fluide.

Pour résoudre rigoureusement un problème, il faut connaître toutes les données qui y entrent : cela est à peu près impossible en économie politique, dès qu'on sort du champ des abstractions; et dans ces sortes de questions, la moindre quantité négligée peut avoir une influence très-grande sur les résultats.

L'économie politique n'est donc point une science exacte, comme quelques personnes l'ont prétendu : c'est une science morale dont tous les principes ne sont point invariables; la plupart varient non-seulement d'un pays à l'autre, et dans un même pays, suivant les époques différentes et les circonstances où il se trouve, mais encore il peut arriver qu'au même instant et dans le même lieu deux systèmes très-différens soient cependant bons tous les deux, pour le but que chacun se propose. L'un, par exemple, aura pour but d'augmenter la population et de répartir les richesses dans le plus grand nombre de mains possible ; l'autre voudra arrêter l'accroissement trop rapide de la population, et augmenter l'inégalité des fortunes dans l'intérêt des institutions et de la forme de gouvernement qu'on veut maintenir.

Les écrits les plus opposés sur l'économie politique, quand ils ont été composés par des hommes d'un talent véritable, ont donc cela d'utile, qu'ils préparent ceux qui les étudient à se rendre familier un genre de considérations naturellement abstraites, et à connaître un grand nombre de solutions particulières plus ou moins applicables aux cas que l'on veut traiter, et à la position dans laquelle on se trouve. Aussi tous ces ouvrages ont-ils servi à améliorer l'administration commerciale et financière des divers états de l'Europe ; les principes des économistes, par exemple, eurent, en Toscane, sous le grand duc Léopold, plusieurs applications heureuses; la France leur a dû la suppression des douanes intérieures, celle des maîtrises, une égale répartition de l'impôt foncier, etc., etc.; et si quelquefois de fausses théories ont induit en erreur quelques administrateurs, le mal n'a jamais pu être de longue durée; l'expérience était là pour montrer qu'on avait tort, et les réclamations des citoyens pour empêcher qu'on ne persistât. On apprenait, en se trompant, à chercher la vérité, à s'en approcher de plus en plus, et à ne pas persister éternellement dans de vieilles routines nuisibles à la société.

Les économistes de l'école de Quesnay, de même que les écrivains de l'école de Smith, pensent que l'intérêt général se composant des intérêts particuliers, il n'y a qu'à ne pas contrarier ceux-ci pour satisfaire le premier; c'est un point fondamental de la doctrine des uns et des autres. Les conséquences qu'ils en ont déduites sont justes, mais elles ne sont nécessairement applicables qu'au cas supposé, c'est-à-dire à un peuple chez qui l'intérêt personnel de quelques individus ne pourra jamais nuire à la société.

Ils seraient parvenus à des résultats d'une application plus étendue, s'ils avaient dit : l'intérêt général se composant de la somme de tous les intérêts particuliers, il faut protéger ce qui est utile au plus grand nombre.

De la base qu'ils ont posée, ils ont conclu nécessairement que le commerce devait être libre; s'ils eussent adopté l'autre, ils auraient conclu que le gouvernement devait chercher ce qui était de l'intérêt du plus grand nombre, et le protéger par des réglemens.

Leur principe n'est pas faux ; seulement il n'est pas général. Il en est de même de celui que je lui ai opposé, et qui n'a sur lui que l'avantage de pouvoir s'appliquer, dans l'état actuel de l'Europe, à un plus grand nombre de cas particuliers ; car il n'y a guères, je le répète, de régle générale en économie politique. Le principe des économistes peut en effet convenir à un pays peu étendu, où l'intérêt de chaque citoyen est lié si directement, si intimément, à celui de la société, qu'il est impossible de donner aux affaires commerciales de la nation, une meilleure direction que celle qui naît naturellement de la marche que chacun désire suivre dans ses propres affaires. L'autre principe peut convenir à un état vaste et peuplé, où les individus pouvant perdre de vue, pour leur intérêt du moment, leur intérêt de l'avenir, et pour leur bien être, celui de leur patrie, ont besoin d'être dirigés par des lois prises dans l'intérêt de la société. Le premier pays, par sa faiblesse, ne pouvant ni exciter la jalousie, ni se mêler des querelles de ses voisins, aura peu de guerres à redouter ; il sera donc rarement isolé des autres peuples, et obligé de se suffire à lui-même. L'autre, au contraire, sera mêlé dans la pluplart des guerres qui ravagent la terre ; il faut donc qu'il entretienne une population nombreuse, fût-ce aux dépens de l'aisance de quelques classes, et qu'il accroisse ses richesses, non par les moyens qui peuvent produire le plus de bénéfice dans un temps donné, mais par ceux qui sont le plus à l'abri des événemens de tout genre.

Les économistes et les écrivains de l'école de Smith se sont occupés plus particulièrement de ce qui convient aux hommes en général, considérés comme ne faisant qu'une seule nation. De là naîtraient de graves erreurs, si l'on voulait appliquer strictement tous leurs principes à des nations souvent en hostilités ouvertes les unes envers les autres, et presque toujours opposées d'intérêt.

D'autres personnes se sont attachées à étudier la marche adoptée avec succès par l'administration dans tel ou tel pays, et de ce cas particulier elles ont déduit des règles générales pour toutes les nations du monde. Leur théorie, fausse en plusieurs points, a pourtant l'avantage de pouvoir s'appliquer au moins à un pays, et surtout à ses relations avec les états voisins. Les partisans de Smith ont celui de présenter une théorie plus généralement applicable, non point aux rapports de divers peuples entr'eux, mais aux rapports des individus d'une même nation, quelle que soit celle-ci. Les uns et les autres, enfin, ont eu quelquefois le tort, dans les discussions qui se sont élevées, de ne pas bien définir les mots qu'ils employaient, et surtout de ne pas se rappeler le sens qu'y attachaient leurs adversaires. C'est là souvent la cause de ces différences si extraordinaires au premier coup d'œil, que l'on remarque dans des traités écrits par des hommes d'un grand talent.

M. Ferrier, dans un ouvrage qu'il publia en 1805, s'était attaché à combattre principalement la doctrine de Smith et à lui opposer la marche adoptée en France par l'administration. Une nouvelle édition a paru en 1821, et elle a été bientôt suivie d'une autre. M. Ferrier a presque toujours raison quand il parle de la France; mais il se trompe souvent, je crois, quand, généralisant ses idées, il veut passer de telle ou telle expérience à une théorie générale, et il m'a semblé dès-lors que je devais signaler ce que je croyais être des erreurs; car ce livre est très-répandu, il est écrit avec esprit, avec chaleur, il peut entraîner un grand nombre de ses lecteurs.

L'examen attentif d'un ouvrage de ce genre est d'ailleurs toujours utile. On relit avec plus de fruit les auteurs qu'il critique; on reconnait plus facilement en quoi ils se sont trompés, ou en quoi leur adversaire se trompe, et l'on voit si la discussion porte toujours sur des différences réelles d'opinion, ou quelquefois seulement sur des mots auxquels les uns et les autres attachent des idées différentes.

Tous ces motifs m'engagent à examiner avec soin le travail de M. Ferrier; il l'a divisé en quatre livres : le premier traite de la richesse des peuples; le second, de l'argent considéré dans son influence sur la reproduction; le troisième, du commerce, et le quatrième, du système commercial. Il les a fait précéder d'un discours préliminaire, dans lequel il représente la science de l'administration comme n'ayant fait que du bien, et l'économie politique comme ne pouvant faire que du mal. La première, dit-il, est essentiellement dépendante des temps, des lieux et des hommes; elle vit de faits et d'expériences; elle repousse toute théorie absolue et ne reconnaît qu'un petit nombre de principes fixes. La seconde, riche en théories dont elle change perpétuellement, pauvre en faits qu'elle dédaigne, veut appliquer ses principes à tous les peuples. (Disc. prélim., p. IX, X, XI.)

L'auteur voulait certainement opposer les principes d'une sage administration aux principes erronnés de tel ou tel ouvrage d'économie politique. Mais en parlant de l'administration en général sans la qualifier, sans la déterminer, et de l'économie politique en termes vagues, il n'a pas vu que ses reproches et ses louanges cessaient d'être justes. Car sans aller chercher nos exemples en pays étrangers, on pourrait lui citer telle époque de notre histoire où l'administration nuisait à la prospérité publique, et où il eût été heureux qu'elle eût adopté la plupart des principes que renferment tous les ouvrages d'économie politique. Elle n'eût point fait de fréquentes banqueroutes, de fausses monnaies, ni établi un maximum du prix des denrées; elle n'eût point entravé les transports, ruiné l'industrie, le commerce et l'agriculture, par des impôts destructeurs, des traités nuisibles, des monopoles odieux. M. Ferrier n'a pas vu que quelques-uns même des principes qu'il blâme dans les théoriciens, ont servi à éclairer l'administration en la mettant à même de mieux examiner la cause des résultats qu'elle observe et recueille à chaque instant. Il aurait eu raison, s'il se fût contenté de dire qu'il ne fallait admettre légèrement aucune théorie, puisque ceux même qui les présentaient comme générales, en changeaient souvent, ou les détruisaient à force de restrictions; mais il ne devait pas en conclure que l'étude de ces diverses théories fût *dangereuse*, *inutile*; puisqu'elles ont servi et serviront encore à éclairer les administrateurs qui, ayant la sagesse de ne marcher qu'appuyés de l'expérience, chercheront les cas particuliers auxquels peuvent s'appliquer utilement telles ou telles parties de la théorie générale des écrivains spéculatifs.

Les économistes, par exemple, demandaient un impôt unique sur les terres, et que toutes, sans exception, y fussent également soumises. Nous n'avons pas, avec raison, adopté l'impôt unique, mais nous avons adopté la répartition égale de l'impôt foncier, et la France s'en est bien trouvée ; elle en a retiré un avantage matériel par les ressources nouvelles que cela a créées, et un avantage moral en rapprochant les hommes de cette égalité devant la loi à laquelle tout le monde a droit, tout le monde aspire, et dont on ne peut priver une partie de la société sans diviser la nation en classes qui se haïssent ou se méprisent.

M. Ferrier cite ensuite ce passage tiré du traité d'économie politique de M. Say : « Si l'économie politique découvre les » sources des richesses ; si elle montre les » moyens de les rendre abondantes, et en- » seigne l'art d'y puiser chaque jour da- » vantage, sans les épuiser jamais ; si elle » prouve que la population peut être à la » fois bien plus nombreuse et incompa- » rablement mieux pourvue des biens de » ce monde ; si elle constate que les inté- » rêts des riches et des pauvres, que les » intérêts d'une nation et ceux d'une autre » nation ne sont pas opposés entr'eux, » et que toutes les rivalités ne sont que » des vanités ; s'il résulte de toutes ces dé-

» monstrations qu'une foule de maux » qu'on croyait sans remède sont, je ne dis » pas guérissables, mais même faciles à » guérir, et qu'on n'en souffrira qu'aussi » long-temps qu'on le voudra bien, il faut » convenir qu'il est peu d'études plus im- » portantes, plus dignes d'une ame noble » et d'un esprit élevé. » Et il ajoute : *Je ne connais rien de plus propre à montrer le néant de l'économie politique que ce tableau des avantages qu'on peut s'en promettre. Qui ne voit combien de telles espérances sont chimériques! L'économie politique, dit M. Say, constate que les intérêts des nations ne sont pas opposés entr'eux, et il oublie que la guerre est aussi vieille que le monde!* (Ferr., p. XIX.)

Il est vrai que toutes ces espérances ne se réaliseront jamais entièrement; mais où est le danger de tenter d'en réaliser quelques-unes, et d'approcher de ce beau idéal le plus possible. Vous citez les guerres qui ont constamment désolé le monde; ces guerres continueront, mais on peut les rendre moins cruelles, et déjà elles le sont moins qu'à d'autres époques. Les riches et les pauvres seront toujours opposés d'intérêt en quelques points, mais ces points sont aujourd'hui chez nous moins saillans, moins nombreux, moins au désavantage du bonheur du plus grand nombre, que dans les derniers siècles qui présentaient encore des traces assez vives de ces temps de barbarie, où la France était divisée en deux classes distinctes, les vainqueurs et les vaincus, les maîtres et les serfs.

De ce que parmi les hommes il y aura toujours des lâches, des fripons, des délateurs, des meurtriers, des traîtres, serait-il donc défendu de tâcher de les rendre tous vertueux? n'est-ce pas là le but de la morale et de la religion? un succès complet est aussi une chimère; mais chaque effort pour l'obtenir procure cependant des avantages réels à la société. M. Ferrier a donc tort, je crois, d'ajouter que pour avoir pris les hommes et les peuples autrement que Dieu ne les a faits, l'économie politique est très-dangereuse.

M. Say avait cité l'habileté des ouvriers du faubourg St-Antoine à Paris, comme due aux franchises dont ce faubourg jouissait ; M. Ferrier en convient dans sa préface ; mais comme ce faubourg a pris une part trop célèbre dans les plus tristes événemens de la révolution, il en conclut que les franchises sont dangereuses, et que le système réglementaire valait mieux parce qu'il façonnait la classe ouvrière au joug des lois. A mon avis, ce n'est pas là bien raisonner. Si des Prêtres en Espagne ont été assez criminels, assez stupidement féroces, pour brûler des hommes en *auto-da-fé*, en acte de foi, aurais-je raison de dire qu'il est dangereux d'avoir des séminaires pour former des Prêtres ? Non, certes : je chercherais ailleurs les motifs qui ont contribué à rendre les Prêtres cruels en Espagne ; de même que l'on trouverait d'autres motifs que celui de l'existence des franchises du faubourg St-Antoine, pour cause de la part déplorable qu'il a prise dans les troubles de la Capitale.

M. Ferrier a raison de combattre les écrivains qui ne regardent pas l'usure comme un vice ; mais, puisqu'il reconnait ailleurs (1) que les moyens employés pour

(1) Liv. 2, chap. v.

réprimer

réprimer l'usure n'atteignent pas ce but ; il ne devait pas louer l'administration sans restriction ; il devait se borner à applaudir à ses intentions, et ne pas douter de celles de ses antagonistes.

M. Ferrier pense qu'il est aussi peu juste que peu moral, de ranger dans la même classe, sous le nom générique de travailleurs improductifs, le jurisconsulte et le comédien, le guerrier et le chanteur. Cet inconvénient cependant est commun à tout système où l'on classe les êtres par un très-petit nombre de caractères : ainsi Linnée a mis l'homme dans la même classe que le singe et la chauve-souris. M. Ferrier en fait la remarque ailleurs, et ne le pardonne pas à l'histoire naturelle ; aussi sévère envers elle qu'envers l'économie politique, *quelle opinion prendre de la science*, demande-t-il, *quand la science mène à de si tristes résultats !* Et cependant je doute qu'il lui soit jamais venu dans la pensée de trouver peu morale la grande division en trois règnes de tous les corps de la nature ; là aussi l'homme est confondu avec tous les animaux.

M. Ferrier combat ensuite, et avec avantage, ce me semble, ceux qui prétendent que le seul besoin d'un agent de circulation peut soutenir la valeur d'un papier-monnaie absolument dénué de gages. Nous avons vu en Europe qu'un papier-monnaie, sans gages, n'est qu'un chiffon de papier auquel l'échafaud ou des circonstances extraordinaires peuvent seuls assigner une autre valeur que celle qu'il possède intrinsèquement, et encore cela ne peut-il être de longue durée.

Ailleurs, M. Ferrier avance, et je partage bien son opinion, « qu'en administration, nul principe n'est absolu, sauf pourtant la nécessité d'être juste, de toujours traiter les hommes avec les plus grands égards, et de respecter dans les peuples jusqu'aux préjugés qui les rendent heureux quand la morale n'y voit rien à reprendre. »

Plus loin il relève les contradictions dans lesquelles sont tombées plusieurs personnes qui ont écrit sur l'économie politique, et le tort qu'il a constamment est d'en conclure que l'économie politique ne vaut rien. Quelle est la science, je le répète, sur laquelle on n'a pas publié quelques erreurs; la physique, la chimie, l'astronomie et même les mathématiques pures n'ont-elles pas donné lieu à des écrits plus ou moins mêlés d'erreur et de vérité? Est-ce la faute de la science, ou de ceux qui lui donnent de fausses bases?

Je terminerai mes observations sur le discours préliminaire, en regrettant d'y voir Smith représenté comme ayant été peu conséquent et peu délicat, pour avoir accepté une place dans les douanes de son pays, ce qui le forçait d'agir contre sa doctrine, et ce qu'il croyait l'intérêt de l'Angleterre. Ce reproche me paraît injuste. M. Ferrier, en faisant exécuter les lois qui régissent les douanes, a sûrement agi plus d'une fois contre son opinion (1), et on ne peut l'en blâmer. Tous

---

(1) « En 1806, le système des douanes, dit » M. Ferrier, devint fiscal et hostile, double » caractère qu'il conserva jusqu'à la fin du gou- » vernement impérial. A ces deux titres, le » commerce ne saurait s'en plaindre trop amè- » rement. (Liv. IV, ch. 2.) »

les jours les hommes les plus respectables appliquent, comme magistrats ou administrateurs, les lois qu'ils combattirent comme écrivains ou comme députés. Soldat, on peut désirer la paix, et cependant marcher à l'ennemi avec courage. L'homme en place doit, comme citoyen, dire ce qu'il croit utile, et comme agent du gouvernement, remplir les devoirs que ses fonctions lui imposent; ce qui, certes, ne veut pas dire qu'il doive exécuter toute espèce d'ordres ; car toute promesse d'obéissance renferme toujours la condition tacite de ne faire jamais aucune action que réprouveraient la morale, l'honneur, l'humanité (1).

---

(1) Montesquieu, *Esprit des Lois*, liv. IV, chap. 2.

EXAMEN

DU LIVRE PREMIER,

INTITULÉ:

DE LA RICHESSE DES PEUPLES.

M. Ferrier, dans le chapitre premier, fait connaître ce que c'est que la richesse pour les nations, et il commence par poser en principe qu'*une nation ne peut être heureuse, si elle n'est indépendante des autres nations; que son indépendance tient principalement à sa force, et sa force à sa richesse.* CH. I.

Je crois que M. Ferrier se trompe; la richesse ne donne pas toujours la force. Il a été séduit par l'exemple de l'Angleterre. Il l'a vue forte bien au-delà du rapport de sa population avec celle des autres États de l'Europe; il l'a vue plus riche qu'eux, et il en a conclu que la force dépendait de la richesse.

Un pays pourrait être riche, et sa richesse, mal distribuée, être concentrée en un petit nombre de mains, de sorte que la nation, divisée d'intérêts, présenterait peu de résistance à une invasion étrangère. On a vu des nations riches être conquises facilement, et des nations pauvres arrêter les conquérans les plus redoutables. Combien de peuples divers se sont emparés des terres de la fertile et opulente Egypte, tandis que les pauvres Arabes maintenaient leur liberté et la pureté de leur race. Depuis des siècles, la riche Italie se débat sous le joug de l'étranger ; ses efforts se bornent à changer de maîtres et de fers ; et l'un des pays les plus pauvres de l'Europe, l'Espagne, a su résister aux vainqueurs des nations, et conserver son indépendance.

Je crois donc qu'il serait plus exact de dire, qu'une nation pour être heureuse doit être à la fois indépendante et riche ; que, pour être à la fois indépendante et riche, il faut que sa population ne soit pas trop inférieure à celle de ses voisins, et que les richesses et le pouvoir soient répartis de manière à ce que les classes les plus nombreuses aient plus d'aisance, plus de bonheur que les mêmes classes chez les autres peuples.

Un peuple est riche quand, par la perfection de son industrie, la fertilité de ses terres, il se procure en abondance et fort au-delà du strict nécessaire tous les objets qui servent aux hommes. Une guerre l'oblige-t-elle d'acheter à l'étranger des armes, des vaisseaux, des soldats même, et de faire marcher à l'ennemi une partie de ses ouvriers qui, de productifs, deviendront long-temps peut-être improductifs, tous les citoyens, en se gênant très-peu, mettront en commun pour subvenir à cette dépense, une partie de ce qu'ils consommaient. Mais un peuple qui subsisterait péniblement, qui n'aurait que ce qui est indispensable à son existence, qui ne pourrait ni accroître son travail, ni retrancher de sa subsistance pour subvenir à une dépense inattendue que l'intérêt de l'Etat réclamerait, serait un peuple pauvre.

La valeur totale des objets matériels existans dans un instant donné dans l'un des deux pays, pourrait cependant être égale à celle de l'autre. Le pays pauvre, dans cette hypothèse, serait nécessairement plus peuplé que l'autre, mais ses habitans seraient moins industrieux, ou son sol moins fertile. Un peuple, dans cette situation, peut bien faire des invasions chez ses voisins; mais s'il n'est pas vainqueur le premier jour, il faut qu'il se retire, il ne peut faire de longues campagnes.

Une nation est réellement plus riche qu'une autre, quand elle l'emporte sur elle par l'excédant de sa production sur ce qui est indispensable à l'entretien de ses capitaux et à l'existence de ses habitans, qui, selon leur degré de civilisation, ont plus ou moins de besoins indispensables; et elle serait à la fois plus riche et plus puissante, si, à l'avantage que nous venons d'indiquer, elle joignait celui de voir ses citoyens plus instruits et plus libres (1). Il fut un temps, par exemple,

(1) « La liberté est un des premiers alimens » de la richesse des peuples. Les pays ne sont » pas cultivés en raison de leur fertilité, mais

où la petite république de Venise était plus puissante, plus riche que le vaste empire des Czars, et cependant tous les objets quelconques que renfermait cet empire, pouvaient l'emporter sur ce que possédait Venise, et les Steps de la Russie compter plus d'habitans que les Lagunes de l'Adriatique.

Le chapitre II est intitulé : *de la terre, premier élément de la richesse des peuples.* L'auteur, dans ce qu'il dit à ce sujet, me paraît d'accord avec la plupart des personnes qui ont écrit sur l'économie politique. Il en est de même du chapitre suivant, où il considère le travail comme second élément de la richesse. M. Ferrier est loin de croire à cet accord de ses opinions avec les leurs. Il représente dans le chapitre V tous les économistes français comme n'admettant que la terre pour source des richesses, et tous les

CH. 2.

CH. 3.

» en raison de leur liberté. On peut lever des » tributs plus forts à proportion de la liberté » des sujets, et l'on est forcé de les modérer » à mesure que la servitude augmente. (Montesquieu, Esprit des lois.) »

économistes anglais comme n'admettant que le travail. La terre, sans le travail, ne produirait cependant presque rien d'utile à l'homme, et le travail, sans objet pour l'appliquer, est un être chimérique. Les uns n'ont donc pas exclu le travail, ni les autres la force reproductive de la terre. Mais de même que M. Ferrier regarde comme étant très-près de la vérité ceux qui *n'admettraient d'autre richesse que l'argent, s'ils ne prisaient dans l'argent que l'influence qu'il exerce sur la production*; de même quelques personnes ont pensé, et avec plus de raison, ce me semble, que la terre soumise au travail de l'homme, ou le travail appliqué à la terre et à ses produits, pouvait être regardé comme la source primitive d'où découlaient toutes les richesses. Des conséquences inexactes ont pu en être déduites, des opinions plus tranchantes être émises, des bases plus restreintes être données à la richesse; mais d'autres écrivains des mêmes écoles ont, au contraire, donné à la richesse des bases plus étendues, et les plus distingués d'entre eux reconnaissent pour élémens indispensables de la production, l'industrie, les capitaux et la terre.

Dans le chapitre IV, M. Ferrier veut prouver que la monnaie est le troisième et dernier élément de la richesse des peuples. Il me semble qu'il oublie un élément bien autrement puissant, ce sont les produits économisés et appliqués à la reproduction, produits qui forment ce qu'on appelle un capital. Car sans capitaux dans la société, c'est-à-dire sans provisions de bouche, sans instrumens, sans matières premières, que produirait-on avec la terre, l'industrie et la monnaie ? On ne pourrait que recueillir une partie de la nourriture que la terre fournit spontanément aux animaux, pour en former un premier capital, et la monnaie n'y aurait contribué en rien. CH. 4.

La monnaie ne devient utile que lorsqu'il y a des produits déjà créés, et pour les créer, un premier capital est indispensable. C'est alors qu'il est exact de dire que la facilité d'échange que donne la monnaie, est un puissant véhicule pour le travail, et un des plus grands ressorts de la production.

M. Ferrier a raison d'attacher un grand prix à l'argent ; mais quand il dit que rien ne peut en tenir lieu, il est en contradiction avec lui-même, car il ajoute : « Si les institutions que le crédit facilite, » donnent jusqu'à un certain point les » moyens de remplacer l'argent, c'est en » créant une monnaie fictive, qui sup- » plée la monnaie véritable : elle en fait » donc l'office. *C'est donc toujours de* » *la monnaie.*

Si c'est toujours de la monnaie, l'argent peut donc être remplacé en partie ; et il n'est personne qui ne sache que la plupart des échanges de pays à pays, bien que stipulés en monnaie métallique, ne s'effectuent pas ainsi ; c'est seulement une mesure commune pour s'entendre, et savoir qui redoit à l'autre. C'est cet appoint seul qui se solde en monnaie métallique ; celle-ci s'emploie plus généralement pour les échanges journaliers et de détail, et les services qu'elle rend n'en sont pas moins immenses ; mais M. Ferrier les a beaucoup trop exagérés.

Les motifs qu'il donne de la préférence qu'on accorde aux métaux pour en faire la mesure commune des valeurs, sont bien moins satisfaisans que ceux qu'on lit dans Smith, et il oublie le plus essentiel de tous, celui de pouvoir sans perte se diviser en petites parties qui, à l'aide de la fusion, peuvent être de nouveau réunies en masse; qualité que ne possède aucune autre denrée aussi durable qu'eux, et qui, plus que toute autre qualité, les constitue *les instrumens les plus propres au commerce et à la circulation.* (Smith, liv. 1, ch. 4.)

J'insiste sur ces derniers mots, parce que M. Ferrier reproche à Smith, en différens endroits, et à tort, ce me semble, de n'avoir considéré l'argent que comme marchandise (1).

M. Ferrier croit que *c'est avec de l'argent qu'on a dû acheter les matières premières que la main de l'homme modifie; que cette même main dont il faut récompenser le travail, s'ouvre incessamment devant l'argent qui la met en action, et que ce*

(1) La monnaie, cette grande roue de la circulation, est totalement différente des marchandises qu'elle fait circuler (Smith, liv. II.).

qu'elle a créé, c'est l'argent qui l'achète, l'argent qui l'emmagasine, l'argent qui le divise, etc., etc.

Si M. Ferrier entendait par là que l'argent a servi de mesure commune, et que les différens marchés, bien que stipulés en argent, ont pu être soldés d'une manière quelconque, alors il aurait raison ; mais ce n'est pas là sa pensée : il regarde chacune des opérations qu'il énumère comme ayant été non-seulement stipulée, mais terminée en entier, au moyen d'argent monnayé. Cependant une grande partie des terres sont affermées en produits du sol, et les propriétaires qui cultivent eux-mêmes leurs champs, récoltent du blé, du vin, et non du numéraire ; les paysans font souvent des échanges en nature ; le salaire des ouvriers dans les campagnes se paye en grande partie en denrée, et il en est de même dans plusieurs autres professions (1). On rassemble enfin tous les

---

(1) Je citerai les boulangers et les meuniers, qui, dans les campagnes et les petites villes, sont presque toujours payés en grains.

jours des matières premières ; on les manipule, on les vend, sans qu'un seul écu ait passé par les mains des parties contractantes.

J'approvisionne de blé, par exemple, un port de mer, les négocians me payent en traites, et je me sers de celles-ci pour payer un troupeau de mérinos que je fais venir d'Espagne. Voilà une suite de transactions tellesque le commerce en présente une infinité chaque jour; et les écus, monnaie métallique, n'auront paru qu'après plusieurs d'entr'elles, pour solder les traites à leur échéance, si toutefois le porteur de celles-ci n'a pas préféré encore avoir en échange, ou d'autres marchandises, ou de nouvelles traites. Enfin quand les lettres de change sont acquittées en argent, cet argent n'est-il pas bientôt donné à son tour pour d'autres marchandises qui circuleront peut-être long-temps de mains en mains et de pays en pays sans le secours de l'argent ?

M. Ferrier ajoute, que ce n'est que du jour *seulement* où l'argent est devenu monnaie, qu'on a pu vendre un produit, le marchander, l'acheter, le payer. Toute autre substance qui serait devenue monnaie, aurait cependant produit le même effet ; et si M. Ferrier n'a pas voulu dire autre chose, il est à regretter qu'il ait employé des formes aussi tranchantes, des expressions aussi positives, aussi absolues ; car il aurait pu se borner à faire remarquer que c'était du jour seulement où les hommes, par un consentement tacite, fondé sur leurs besoins, adoptèrent telle ou telle marchandise pour mesure commune de la valeur des autres produits, qu'on trouva réellement à vendre et à acheter. Auparavant on ne pouvait faire que des trocs, et ils ne sont pas toujours possibles ; je peux bien vouloir vous livrer mon vin, mais vous n'avez que du chanvre à me donner en échange, et je n'en ai pas besoin.

CH. 5. Je passe au chapitre V, intitulé : *des divers systèmes d'économie politique.* J'ai déjà eu l'occasion d'en parler, et j'ajouterai que M. Ferrier, qui reproche à quelques écrivains de *traiter fort lestement* ceux qui ne partagent pas leurs opinions, n'apporte pas toujours de son côté assez de calme dans la discussion : c'est c'est surtout en parlant de Smith et de M. Say, qu'il se laisse aller à une humeur qui se montre presqu'à chaque ligne. Le livre de la richesse des nations a été pourtant plus d'une fois utile à M. Ferrier. Ce livre est riche de faits, il est rempli d'observations profondes, de remarques judicieuses, et il est bien loin d'être aussi difficile à lire que le prétend M. Ferrier. Tout homme un peu habitué à des études abstraites, le comprendra, j'en suis sûr, sans aucune fatigue d'esprit. Enfin je ne puis concevoir comment M. Ferrier (1) a pu avoir un seul instant l'idée que Smith, dans la vue de servir son pays, ait été assez ennemi des hommes et de sa propre gloire, pour écrire, contre son opinion, un traité qui pût entraîner tous les autres peuples dans l'erreur et la misère. On ne court pas ainsi après la honte; j'ajouterai qu'on ne manque pas ainsi son but; car le livre de Smith a fait sa gloire, et a été utile aux hommes.

Ailleurs, M. Ferrier remarque qu'il est

---

(1) Liv. IV, chap. X.

bien difficile *de ne pas rire* de l'empressement que M. Say a mis à répondre à M. Malthus (1). C'est la première fois, selon lui, qu'on réfute un livre avant que sa traduction soit connue du public. M. Ferrier ne songe pas que c'est absolument comme s'il disait qu'il est défendu en France de savoir l'anglais, et en Angleterre, le français. Il oublie que très-fréquemment des ouvrages, avant d'être traduits, ont donné lieu à de nombreux écrits.

Les économistes politiques se sont trompés quelquefois, M. Ferrier aussi. Il est impossible, sur de semblables matières, de ne pas errer souvent. Telle chose sera bonne dans un pays, et mauvaise ailleurs, avantageuse à une époque, et ruineuse à une autre. Tout principe d'économie politique, quand il n'est basé que sur des raisonnemens, doit donc être soumis, avec de sages précautions, à l'épreuve de l'expérience; ce qui n'empêche pas que les théoriciens, de quelques écoles

(1) Principes d'économie politique, par Malthus.

qu'ils aient été, n'aient fait du bien, et plus de bien certainement que ceux qui seraient restés obstinément dans les ornières des vieilles routines.

M. Ferrier croit que l'administration n'a jamais eu tort, et que la plus grande sagesse a toujours présidé à ses décisions. L'histoire est là, malheureusement, pour dire le contraire ; et sans remonter bien loin, je lui citerai le décret impérial du 8 mai 1812, qui fixait un maximum au prix des grains : la disette fut la suite nécessaire de cette mesure (1).

---

(1) Vouloir prévenir la disette, a été presque toujours la faire naitre. C'est une maladie difficile à traiter ; et je mets au premier rang des remèdes dangereux la fixation du prix des grains. L'expérience nous apprend que partout où les blés ont été taxés, ils ont disparu des marchés. Or, que vaut-il mieux, payer le pain un peu cher, ou n'en pas avoir du tout ?

Je pourrais appuyer ceci de mille exemples ; je me bornerai à celui que nous venons d'avoir sous les yeux, en Toscane. Au commencement de mai 1812, c'est-à-dire, presqu'au moment de la prochaine récolte, le blé était cher, le pain se vendait en proportion, mais on n'en

Je pourrais parler du rétablissement du monopole du tabac, qui priva la

---

manquait pas. Tout à coup, en vertu du décret du 8 mai 1812, on fixe le prix de l'hectolitre à deux pour cent environ au-dessous du cours ; les blés aussitôt disparaissent des marchés ; on fait des visites, et l'on trouve les magasins vides ; tout avait été dispersé et caché. Chacun des trois départemens de la Toscane empêcha la sortie de ses grains ; des bâtimens chargés de blé furent retenus dans les différens ports, ceux qui les attendaient en furent privés, et ceux qui les retenaient n'en profitèrent point, parce que ne voulant qu'au dernier moment s'en emparer et les faire débarquer de force, le temps de la récolte arriva.

De municipalité à municipalité, dans les mêmes départemens, les transports ne furent plus permis ; car chaque magistrat craignant la famine dans sa commune, y retenait tout ce qui s'y trouvait. Enfin, tous les particuliers de toutes les classes, s'approvisionnant de pain pour plusieurs jours, il s'en gâta beaucoup ; pendant que les petits approvisionnemens de farine et de blé, que chacun réservait pour la dernière extrémité, retirèrent du commerce une quantité bien plus considérable que celle qu'il eût fallu pour arriver sans peine jusqu'à la récolte. Et ce qui vient à l'appui de ceci, c'est qu'après la récolte on vendit

France d'une branche importante de culture, d'industrie et de commerce, et

---

des quantités considérables de blé des précédentes années.

Pour assurer la subsistance des villes, et prévenir tous les désordres qu'entraîne la disette, le gouvernement fut obligé, en quelques endroits, et entr'autres à Livourne, de réunir les plus riches habitans, et de les inviter à verser tout de suite, entre les mains de commissaires de leur choix, une somme assez considérable, pour faire à tout prix, à l'étranger, les achats nécessaires. Ces blés vendus au prix fixé par le décret, ne purent rembourser qu'une portion des capitaux avancés, et la perte fut supportée en partie par les habitans imposés de la commune, au moyen d'un supplément aux contributions ordinaires, et l'autre partie par des fonds qui étaient dans la caisse de la municipalité, fonds que l'on aurait pu employer au soulagement des pauvres; ainsi pauvres et riches furent mis à contribution, pour supporter les pertes résultantes de la différence entre le prix d'achat des grains, et le prix de vente fixé par le gouvernement; pertes bien supérieures à la différence qui aurait existé entre le produit de la vente libre des blés et le maximum déterminé en vertu du décret.

Or, je le demande, ne valait-il pas mieux laisser le blé suivre le prix que le cours ordinaire du commerce lui eût donné, que de le payer bien n'eut d'autre avantage que de créer des places pour les gens que l'on avait à ré-

---

au-delà de ce prix, en le tirant de l'étranger, et en accroissant la disette par des mesures alarmantes ?

Le mal toutefois allait croissant, et les achats dont nous avons parlé devenaient insuffisans. Lorsque Mme la grande duchesse de Toscane fit l'honneur à l'auteur de cette note de le consulter, son avis fut de profiter de ce qu'elle était autorisée à faire cesser, à l'ouverture de la récolte, les mesures prescrites par le décret du 8 mai, pour déclarer cette récolte ouverte, et rendre libre la vente des blés. Cette opinion, combattue par plusieurs personnes, prévalut cependant, et aussitôt l'abondance reparut dans les marchés. (Livourne, le 2 octobre 1812.)

Ceci prouve sans réplique combien il faut se méfier des raisonnemens qui ne sont pas basés sur l'expérience, car qu'y a-t-il en apparence de plus naturel pour éviter la disette, que de forcer ceux qui ont du grain dans leurs greniers, à le porter au marché et à le livrer à un prix raisonnable. Malheureusement l'expérience des tems passés est presque toujours perdue pour nous : administrateurs et administrés, souverains et sujets préferent ordinairement les inspirations du moment aux leçons de l'histoire ; les mêmes fautes se répetent tous les siecles, tous les ans, tous les jours. Certes l'histoire n'était pas muette compenser, ou qu'on voulait s'attacher. Je citerai les priviléges accordés à certaines entreprises au détriment du public, dont les intérêts doivent toujours être défendus par une libre concurrence; et, ce qui équivaut à des priviléges, la part qu'avait le gouvernement dans quelques spéculations qui devraient toujours être abandonnées entièrement aux particuliers. Je pourrais rappeler les maux, les abus, auxquels donna lieu le système des *licences* pour l'introduction des denrées coloniales, et celui des *permis* pour le commerce des grains.

---

sur les résultats funestes de la taxation des denrées; si on l'eût consultée, on aurait vu dans l'Empire romain, sous Auguste, Commode, Dioclétien et Julien; en Toscane, pendant les années 1323, 1329, 1331, 1497, 1551, 1554, 1668, 1678, 1728, 1790; à Naples, en 1618; en Espagne, durant les années 1558, 1600, 1629, 1632, 1669, 1771, 1782, 1788; aux États-Unis d'Amérique, en France, et enfin en d'autres pays, dont l'énumération serait trop longue à faire ici, la disette s'accroître par la taxation des grains, et ne cesser qu'avec l'abolition des lois qui l'avaient prescrite.

En remontant plus haut, nous verrions des barrières placées entre les provinces, paralyser l'industrie; et des lois de sang, des lois atroces punir de la peine de mort, du fouet, du carcan, des galères, les malheureux qui recueillaient quelques grains de ce sel que la nature offre si libéralement à tous les hommes, pour rendre leur nourriture plus saine, élever de plus nombreux troupeaux, et rendre leurs terres plus fertiles.

Enfin, les banqueroutes de l'État, l'altération des monnaies, ont laissé trop souvent des traces ineffaçables de la marche vicieuse de l'administration.

Ne louons donc pas exclusivement l'administration comme M. Ferrier; ne la blâmons pas constamment, non plus : disons que, dirigée par des hommes, elle a dû, en voulant le bien, se tromper quelquefois, et qu'il en est de même des écrivains économistes, de quelques écoles qu'ils soient.

CH. 6. Le chapitre VI traite *du travail intellectuel et des produits immatériels relativement à la richesse*

M. Ferrier, de même que M. Garnier,

considère les produits immatériels comme faisant partie de la richesse de l'Etat ; il met tous ses soins à combattre ceux qui ne pensent pas comme lui, et il reproduit une partie des argumens déjà donnés par M. Garnier. Cette divergence d'opinion provient principalement de ce qu'on emploie des mots mal définis.

J'admets, avec M. Ferrier, « que les » facultés intellectuelles de l'homme sont » le plus bel attribut qu'il ait reçu du » ciel, et que dans les produits de l'in- » dustrie la plus grossière, l'invention » est due à l'esprit, qui a toujours plus » fait que la main. » Mais ce n'est ni des facultés intellectuelles de l'homme, ni de la dextérité de sa main, que nous nous occupons, mais bien des produits matériels créés par cette intelligence et cette main.

Si l'on appelle *richesse*, comme M. Ferrier, la faculté de satisfaire à tous les besoins, et que par ce mot *besoin* on entende toute espèce de jouissance, il est certain alors que la romance que chante un musicien est non-seulement une richesse pour lui, puisque vous le payez pour l'entendre, mais encore une richesse pour vous qui aviez le besoin, le désir, d'assister à un concert.

Mais si vous appelez richesse la quantité d'objets matériels qui constituent en partie la puissance relative des nations, comparées les unes avec les autres, alors vous n'admettrez comme richesse que les produits qui, ne se consommant pas aussitôt que créés, peuvent faire naître une suite d'échanges. Ainsi, je donne vingt francs pour écouter la chanson d'un musicien italien ; celui-ci retourne dans son pays, et ne me laisse rien. Que je fasse venir de l'étranger, pour la même somme, un objet quelconque, du blé, de la laine, des armes, j'en profiterai plus longtemps ; je ne serai pas forcé d'en profiter seul ; et si mon pays a besoin de repousser une invasion étrangère, ou d'élever des digues, de creuser des canaux, ces objets que je peux lui donner serviront à l'entretien de son armée ou de ses ouvriers ; c'est une partie disponible de la richesse publique. Mais que tous les habitans d'un pays aient entendu une chanson et l'aient payé très-cher, de quelle ressource pour l'Etat peut être le souvenir qui leur en reste.

Appeler *richesse* tout ce qui *plaît* à l'homme, est certainement une manière de s'exprimer qui est très-permise ; mais ce n'est que des produits *matériels* que d'autres écrivains ont voulu s'occuper, parce que ce n'est qu'à des produits matériels qu'on peut assigner une valeur déterminée ; le reste n'a qu'un prix d'affection impossible à évaluer. Telle petite peuplade, dans ses rochers ou ses marais, peut être plus riche en indépendance, en orgueil national, en amour de la patrie, que la plus puissante nation de l'univers. Plus de belles actions peuvent faire palpiter le cœur des uns en un jour, que celui des autres en un an ; mais la petite nation ne pourra mettre sur pied que quelques hommes ; elle ne pourra ni dessécher les marais de son territoire, ni armer un bâtiment ; tandis que l'autre entretiendra des armées nombreuses, améliorera ses champs par d'utiles travaux, élèvera de grands monumens, et couvrira les mers de ses vaisseaux. Certes, si l'on va dire que la petite nation est la plus riche, on ne sera compris de personne, à moins d'ajouter riche en *bonheur* ; et, je le répète, ce n'est pas là ce qu'en économie politique on est convenu d'appeler richesse, parce qu'on ne peut pas exprimer en nombre combien telle sensation agréable vaut d'autres sensations ; tandis qu'on peut dire combien tant de mesures de blé valent d'aunes de toile ; et qu'enfin, s'il s'agissait de dresser l'inventaire de ce que possède une nation, on y mettrait certainement, comme objet de librairie, les œuvres de ses littérateurs, mais non le plaisir que quelques personnes éprouveraient à la représentation, par exemple, d'une tragédie de Racine, bien qu'elle eût lieu au moment précis où l'on dresserait l'inventaire en question ; parce que ce plaisir, aussitôt anéanti que créé, ne doit pas plus être porté en compte que les étoffes qu'on a usées et le vin qu'on a bu.

Remarquons toutefois que si nous ne classons pas parmi les richesses de l'État les produits immatériels, on peut cependant regarder sous un certain rapport les personnes qui les produisent comme faisant partie de la richesse d'un peuple quand ces personnes sont douées de talens utiles ; car si l'on ne peut conserver et ajouter aux capitaux de la nation ni l'acte de courage ou de justice d'un guerrier habile, d'un magistrat vertueux, ni les soins donnés par un savant médecin, il n'en est pas moins vrai que ce guerrier, ce magistrat, ce médecin, sont par eux-mêmes une sorte de richesse pour leur pays, et que d'autres nations acquerraient à grand prix leur possession : témoin Syracuse comblant d'honneurs et de fortune le héros libérateur que lui avait envoyé Corinthe ; témoin Artaxerce offrant à Hyppocrate les trésors de la Perse, et Athènes étendant aux habitans de l'île de Cos sa reconnaissance pour ce grand homme. Et, sans chercher des exemples aussi élevés, ne voyons-nous pas chaque jour des nations attirer à grands frais, dans leur sein, les artistes et les gens de lettres des pays dont elles veulent atteindre la splendeur, et faire élever, aux dépens de l'État, des jeunes gens qui puissent un jour, par leurs talens, dispenser leur pays de payer ce tribut aux étrangers.

Mais de ce que les hommes qui ont des talens utiles font partie en quelque sorte du capital fixe d'une nation, il ne s'ensuit pas, je le répète, que leurs travaux contribuent de la même manière à la puissance nationale.

Smith a donc eu raison de distinguer deux sortes de travail, l'un qui ajoute quelque chose, l'autre qui n'ajoute rien à la valeur des objets sur lesquels on l'exerce : il nomme l'un *productif* et l'autre *improductif* (Smith, liv. 2, ch. 3). Il était nécessaire de leur donner des noms pour les distinguer, et ceux-ci sont bons dès qu'on ne perd pas de vue l'idée qu'y attache Smith (1). Mais M. Ferrier prend

---

(1) Je conviens qu'il eût mieux valu créer un mot nouveau que d'en adopter un qui fait naître d'autres idées que celles qu'on y attache ordinairement. Le travail d'un médecin n'est certainement pas *improductif* dans l'acception vulgaire de ce mot ; car il retire un salaire de ses soins : le malade qu'il guérit y gagne la santé, et l'État non-seulement un homme disponible, mais encore les produits qu'il peut créer.

Il en est de même de l'expression *produit immatériel* dont se sert M. Say pour exprimer le

le mot *improductif* pour un synonyme d'*inutile* : il dit que Smith a *flétri* de ce mot les produits de la pensée, les travaux des hommes d'état. Que M. Ferrier relise attentivement cet auteur, il n'y trouvera rien de semblable ; ainsi la conséquence qu'il en tire (page 52), que selon Smith le travail d'un bûcheron l'emporte sur celui qui *tient au génie de l'homme*, tombe nécessairement. On se tromperait, au surplus, si d'après ce qu'on vient de lire, on pensait que M. Ferrier regarde comme faisant indistinctement partie de la richesse de l'État tout les produits immatériels *dus au génie de l'homme* : une ariette fait, selon lui, partie ou non de la richesse nationale, selon qu'elle est chantée pour de l'argent par un acteur, ou gratis par un amateur.

---

résultat du travail des ouvriers improductifs de Smith ; l'air que nous fait entendre un musicien n'est certainement pas une chose immatérielle.

Mais le danger de ces dénominations cesse toutes les fois qu'avant de discuter les faits on commence par bien définir les mots qu'on emploie.

L'un, dit-il, *ne cherche que son plaisir ; l'autre cherche son pain ; l'un s'amuse, l'autre travaille.* Cette théorie ne me paraît pas soutenable, et M. Ferrier y a été entraîné malgré lui, pour avoir voulu confondre les produits matériels et les produits immatériels. *Tous deux concourent également*, dit-il, *à la richesse des peuples* ; et cependant il vient d'établir pour les produits immatériels une distinction qu'il ne veut pas sans doute étendre aux produits matériels, à moins qu'il ne soutienne que le blé que je cultiverais de mes mains pour mon plaisir, et que je distribuerais gratuitement aux pauvres, ne devrait pas être compté parmi les richesses de l'Etat.

Smith divise avec plus de raison les travailleurs, en travailleurs productifs et improductifs, et il est loin de vouloir flétrir ces derniers ; au contraire, il voit parmi eux quelques-unes des classes les plus respectables de la société ; il dit que leurs travaux sont *honorables*, *utiles*, *nécessaires.*

Le mérite principal, dit M. Malthus, des travaux du moraliste, du législateur, etc., « tient évidemment à l'encou» ragement qu'ils donnent à l'entier déve» loppement des talens et de l'industrie, » dont l'effet tend à favoriser constam» ment l'accroissement de la quantité des » *objets matériels qui constituent la ri» chesse*. Si donc on les considère comme » tendant à encourager la production » d'objets matériels, l'effet général et ap» proximatif de ces travaux pourra être » évalué d'après la quantité de ces choses » matérielles que la nation possède. Quant » à leur influence sur des *sources de bon» heur* autres que celles qui proviennent » *d'objets matériels*, il serait plus exact » d'en faire une classe à part, en les ran» geant avec des choses dont plusieurs ne » peuvent, sans le plus grand abus, être » mises au rang des objets grossiers dont » se compose la richesse des nations. Es» timer la valeur des découvertes de New» ton, ou les jouissances causées par les » productions de Shakespeare et de Milton, » par le prix que leurs ouvrages ont rap» porté, ce serait en effet une bien ché» tive mesure du degré de gloire et de » plaisir qui en est résulté pour leur patrie.

» D'après toutes ces considérations, » tout en admettant que les travaux du » moraliste et du manufacturier, du lé» gislateur et du fabricant de dentelles, » du cultivateur et du chanteur, ont tous » pour objet de satisfaire un besoin ou » un désir de l'homme ; il nous semble » que la classification la plus naturelle, » la plus utile et la plus correcte qu'on » puisse établir à cet égard, est celle qui » comprend d'abord sous le nom de *ri-* » *chesse* tout ce qui satisfait les besoins » de l'homme *au moyen d'objets maté-* » *riels*, et ensuite d'appeler productif » toute espèce de travail qui produit di- » rectement des richesses. » (Malthus, ch. 1.er, sect. 2.)

Tout cela est très-juste et découle naturellement de la théorie de Smith.

Celui-ci s'occupant des produits de la nature et du travail fixé, réalisé, sur un objet matériel que l'on peut vendre, qui subsiste encore après la cessation du travail et qui peut servir à procurer par la suite une pareille quantité de travail (liv. 2, ch. 3), a dû distinguer ce travail de tout autre ; et l'ayant appelé *productif* et les autres *improductifs*, il est tout naturel que les professions les plus différentes, le procureur et le comédien, l'homme de lettres et le chanteur viennent se ranger dans cette dernière classe. Nous ne voyons pas que ce soit là *ravaler l'homme intellectuel*, ni un motif pour faire condamner le livre de Smith comme *faux et dangereux*, ainsi que le prétend M. Ferrier. Ce qui le choque tant n'est que la suite nécessaire de toutes les grandes classifications ; et notez, je le répète, que Smith a bien soin de dire que parmi les travailleurs improductifs, il en est beaucoup dont les travaux sont *nobles*, *utiles*, *nécessaires*, *etc.* Il a soin de séparer les occupations graves des occupations frivoles, et en cela c'est une sous-division qu'il fait pour séparer les individus qu'on lui fait très à tort un crime de confondre. Il ne dit enfin nulle part qu'ils soient aussi utiles ou inutiles les uns que les autres ; il dit seulement que leur travail est improductif dans le sens qu'il attache à cette expression.

M. Ferrier n'a pas entendu le mot *richesse* comme Smith, il va ne pas entendre comme lui le mot *consommation*, et il en déduira que les produits immatériels étant consommables dans l'acception qu'il donne à ce mot, ils font partie de la richesse publique.

Quand Smith parle des consommations annuelles d'un peuple, il entend, ainsi que cela a été d'usage jusqu'à ce jour, la quantité d'objets matériels, tels que vivres, habits, meubles, maisons, etc., qu'il détruit annuellement ou qu'il retire du commerce pour les consacrer à son usage journalier (liv. 2, ch. 1.). M. Ferrier y ajoute la justice du magistrat, l'intégrité du financier, la vaillance du soldat, les talens du médecin, du chanteur, etc., dont on a ressenti les effets dans le cours de l'année.

Si vous appelez cela une *consommation*, et *richesse* l'abondance des choses consommables, vous avez raison de dire que le travail nommé *improductif* par Smith, contribue à la richesse publique. Mais lui de son côté a raison de dire le contraire, parce qu'il ne donne au mot consommation que l'acception vulgairement reçue, et qu'il a senti qu'on pouvait bien calculer combien une nation consommait de blé, de bétail, d'étoffes, mais non combien elle éprouvait de jouissances des sens, de satisfactions de l'ame, etc.

Smith n'a pas dit que tous les travailleurs qu'il nomme improductifs ne contribuaient en rien à la production; il savait bien qu'en guérissant l'ouvrier qui était malade, en défendant ses droits devant les tribunaux, en veillant à sa sûreté, le médecin, le jurisconsulte, le soldat contribuaient indirectement à la *production* des objets matériels qui sortaient des mains de cet ouvrier. Mais comme on ne peut assigner quelle est la portion de son ouvrage qui sans leurs soins conservateurs n'eut pas été produite, et qu'on est dans l'usage, je crois même dans la nécessité de dire qu'un cordonnier, par exemple, qui a fait vingt paires de souliers dans le mois, a réellement fait vingt paires de souliers, sans en attribuer la plus petite partie aux fonctionnaires publics qui administrent l'état, il était tout naturel que Smith considérât comme seuls productifs, les hommes qui fabriquent les objets susceptibles de plusieurs échanges consécutifs.

Mais je dis plus : dans son propre système, M. Ferrier a eu tort de considérer indistinctement tous les travailleurs improductifs de Smith comme contribuant à la richesse nationale ; et si l'on voulait récriminer, on pourrait lui reprocher à son tour d'avoir confondu les soins du magistrat et les airs du musicien. Car il me semble que les comédiens, les chanteurs, les danseurs, ne peuvent pas être considérés comme contribuant en la moindre des choses à la production des objets matériels que l'on récolte de la terre, ou que les ouvriers fabriquent. Il en est de même jusqu'à un certain point des domestiques que les gens riches ont à leur service, car je ne parle point des domestiques de fermes, vrais ouvriers loués à l'année, au lieu de l'être à la journée, ou payés à la pièce. La table faite par votre menuisier et acquise par vous, reste à vos héritiers, elle fait partie de la richesse de l'état ; mais que reste-t-il du travail de votre domestique, quand ne l'employant pas à des travaux utiles, il n'est venu qu'au secours de votre paresse en faisant ce que vous auriez pu faire sans lui ? Rien. Ce qu'on peut dire, c'est que si le temps que vous eussiez mis à brosser votre habit, vous l'avez employé à produire, ou à faire produire directement ou indirectement plus d'ouvrages échangeables qu'il n'en eût été créé sans cela, alors votre domestique a contribué à la production d'objets qui ont augmenté la richesse publique; et son utilité, par rapport à vous, a été du genre de celle des magistrats, des administrateurs, des militaires, etc., et des autres serviteurs non oisifs de l'état, par rapport à la nation entière.

M. Ferrier reconnaît qu'un particulier qui a « dépensé beaucoup d'argent en » produits matériels, a toujours entre » les mains une valeur quelconque dont » il peut au besoin se faire un capital, » tandis que les produits immatériels une » fois achetés il n'y a rien à en retirer. » (p. 57.) Mais il croit cette différence *absolument nulle* pour une nation. Il me semble évident, cependant, qu'une nation qui posséderait, comme il le dit, des *milliards de marchandises* serait loin d'être ruinée, et qu'elle serait infiniment plus riche que celle à qui il ne resterait que le souvenir des chansons, des comédies, des jeux de tout genre, qui auraient consommé sa fortune.

Au commencement de la guerre de la révolution, le numéraire, en France, avait disparu. Les coffres de l'Etat étaient vides; des contributions en nature y suppléérent. Les choses achetées, n'importe à quelle époque, par chaque famille pour son usage et pour ne plus reparaître sur les marchés, furent remises en circulation. Le fonds de consommation se trouva immense, il pourvut à tout, il conserva à la France son fonds productif, et tout cela en dépit de l'absence de l'argent. Aurait-on pu obtenir un pareil résultat des produits immatériels créés avant la révolution, quelles que fussent les jouissances qu'ils avaient procurées et le génie de ceux à qui ils étaient dus ?

Je trouve donc tout naturel que dans un ouvrage d'économie politique quand on ne parle pas de l'organisation sociale des peuples, mais de leurs richesses matérielles, on ne tienne pas compte de l'ouvrage des travailleurs improductifs de Smith, parce qu'une partie d'entr'eux ne produit rien qui ait une durée, et que l'autre contribue à la production des richesses matérielles d'une manière si indirecte qu'on ne peut l'évaluer même approximativement. Les revenus matériels de cette classe-là ne prouvent pas qu'elle crée des richesses matérielles, mais qu'elle partage celles qui sortent des mains des ouvriers productifs. Quand je troque des moutons, ou leur valeur en écus, contre une pièce de toile, je ne me suis point appauvri; car je puis ravoir des moutons en vendant ma toile; mais si je donne mes écus pour entendre un chanteur, je me suis appauvri; j'ai des écus de moins et rien qui en représente la valeur. Cette espèce d'échange entre le *chanteur* et moi, est un partage que je fais avec lui de ma fortune. La richesse matérielle de l'Etat n'en est pas diminuée, mais elle n'est pas augmentée; tandis que lorsque le tisserand *m'a fait de la toile* pour avoir mes moutons, il y a augmentation, au moins momentanée, de richesse pour l'Etat. Le chanteur produit une valeur pour lui en ce qu'elle l'admet au partage de la richesse générale, mais il n'augmente pas *un seul instant* cette richesse. Le voleur qui détrousse les passans se fait aussi un revenu, cependant on n'a pas encore osé dire qu'il produisait.

Il est juste pourtant de dire que le chanteur et même l'homme qui emploie la violence pour enlever le bien de son semblable, pourront, sous un certain point de vue, être considérés comme travailleurs productifs pour un pays en particulier, si le premier, par exemple, va promener son talent chez les peuples voisins, et rapporte dans sa patrie ce qu'il a obtenu des étrangers, qui, pour avoir le plaisir de l'entendre, l'ont admis au partage des objets matériels qu'ils possédaient; et il en est de même du guerrier qui enlève de force les richesses des peuples voisins. Je dirai encore, que si les talens du musicien sont tels que sans être obligé de quitter son pays les étrangers viennent le trouver en foule pour l'entendre et payer ses chants, alors il passe réellement au nombre des ouvriers productifs, mais pour son pays seulement, et non pour le reste du globe ; car par ses chants il n'a point augmenté la masse des richesses matérielles existantes sur toute la terre : il en a prélevé pour lui une partie, mais n'en a point créé.

On peut remarquer encore que ce qui distingue les travailleurs productifs des travailleurs improductifs, c'est que les premiers sont entretenus sur le capital et les autres sur le revenu de la nation tant que le capital ne varie pas Ce capital augmenterait si une industrie productive était mise en action par une partie du revenu ; il diminuerait s'il servait lui-même à entretenir une industrie improductive. Car nous verrons ailleurs que lorsque le revenu salarie des ouvriers productifs ou s'échange contre des produits matériels, c'est comme capital qu'il agit, et que lorsqu'un capital est employé à salarier des ouvriers improductifs, ou qu'il est consommé improductivement, sous quelque forme que ce soit, c'est qu'on lui rend sa qualité primitive de revenu, les capitaux n'étant que des revenus accumulés.

Le sens attaché par Smith au mot

improductif, étant maintenant bien déterminé, il me semble difficile de ne pas convenir que la division qu'il établit, de travailleurs productifs et de travailleurs improductifs, ne soit la plus commode pour la discussion et la moins imparfaite sous le rapport de la précision. « Elle trace une ligne de démarcation » qui sépare les richesses des autres sor- » tes de valeurs, qui distingue les objets » matériels des choses immatérielles, ce » qui a une durée de ce qui n'en a point, » ce qui est susceptible d'accumulation et » d'évaluation absolue, de ce qui ne pos- » sède pas *l'une* ou *l'autre* de ces deux » propriétés, ou toutes les deux. » (Malthus, ch. 1. sect. 2.).

M. Ferrier voit là *une censure amère* de la doctrine de Smith, parce que, dit-il, séparer *la richesse de la richesse est une bien mauvaise manière de la définir.* M. Malthus ne sépare point la richesse de la richesse, mais les richesses des autres sortes de valeurs. Cette remarque, qui paraît avoir échappé à M. Ferrier, le convaincra, je pense, que la discussion qu'il a élevée ne vient absolument que de ce qu'il appelle richesse, précisément ce que d'autres n'appellent pas richesse. Il regarde tout produit matériel ou immatériel qui a de la valeur comme faisant partie de la richesse des peuples, et M. Malthus comprend sous le nom de richesse tout ce qui satisfait les besoins de l'homme au moyen d'objets matériels seulement.

Il est des choses qui ont une valeur d'un genre bien plus noble, bien plus élevé; qu'on ne doit pas confondre avec les richesses matérielles; telles, par exemple, que les doctes leçons d'un Montesquieu, d'un Fénélon, les découvertes d'un Laplace, d'un Lavoisier, ou les jouissances que fait éprouver la lecture d'une pièce de Racine ou de Voltaire. Appeler ces choses là, richesse, et les estimer d'après ce qu'elles coûtent quelquefois en écus à celui à qui on les transmet, c'est confondre les dons sublimes de l'intelligence avec les objets grossiers de la matière, et c'est vouloir, en outre, qu'une même chose puisse être au nombre des richesses ou ne pas y être, suivant que l'individu qui la produit en retire ou non un salaire matériel.

De ce qu'un médecin reçoit 40 francs pour une consultation, M. Ferrier en conclut qu'il a créé une valeur de 40 francs. Il aurait dû dire que le médecin s'est créé une valeur de 40 francs; mais se créer un revenu n'est pas toujours augmenter celui de l'Etat. M. Ferrier cite cette phrase de M. Say, et l'adopte dans toute sa généralité, « que la somme des » revenus annuels de tous les particuliers » forme le revenu annuel de la nation. » Faite pour séduire au premier abord, elle n'est pas exacte sans une restriction importante qu'oublie M. Ferrier, et que M. Say a bien eu soin d'établir dans le chapitre intitulé : *des revenus provenant de produits immatériels*. Car le revenu d'un pays ne se compose pas de *tous* les revenus *des particuliers*, mais de tous les revenus des particuliers producteurs d'objets matériels, susceptibles d'accumulation et d'échange. Un exemple rendra ceci plus clair : supposons un village habité par vingt familles; chacune d'elles retire de la terre qu'elle cultive un revenu de 2000 francs. On dira avec raison que le revenu total du village est de vingt fois

2000 francs ; supposons maintenant que pour avoir un ecclésiastique dans leur village ils conviennent d'en faire venir un en commun, auquel chaque famille donnera 100 francs. Voilà un habitant de plus qui aura aussi un revenu de 2000 francs, et cependant le revenu total du village ne sera par pour cela de vingt-une fois 2000 francs ; il sera toujours comme précédemment de vingt fois 2000 francs. Ce que je dis ici de l'ecclésiastique s'applique à tout autre travailleur improductif de Smith, que les habitans attireraient dans leur village ou qui viendrait s'y établir de lui-même. Ces personnes-là se feraient un revenu, mais elles n'accroîtraient pas le revenu du village, et cette dernière circonstance n'empêcherait cependant pas que les occupations de plusieurs d'entre elles ne pussent être fort utiles à la société ; seulement nous n'appelons pas cette utilité, *richesse*, et c'est pour cela que nous ne sommes pas d'accord avec ceux qui, comme M. Ferrier, lui donnent ce nom.

M. Ferrier convient que les produits immatériels sont aussitôt consommés que créés; « mais cette rapidité de création » et de destruction, dit-il, est commune » à une multitude de produits maté- » riels, etc. »

Il me semble que M. Ferrier se trompe: le temps, si bref qu'il puisse être, qui s'écoule entre la création et la destruction d'un produit matériel est une quantité finie; tandis qu'entre la création et la destruction d'un produit immatériel, ce temps est une quantité infiniment petite. On peut toujours concevoir un temps plus petit que celui pendant lequel un produit matériel existe, et ce temps peut suffire à un ou plusieurs échanges. Mais pour l'homme qui vient de payer un produit immatériel, quel est le temps pendant lequel il pourra en disposer pour l'échanger contre quelque chose? Ce temps est zéro, et le rapport de zéro à quelque chose est l'infini.

CH. 7. Le chapitre VII traite des élémens du prix des choses. Ce qu'on y lit sur les salaires des ouvriers et les profits des manufacturiers me paraît assez juste. « Ce » qui est à désirer quant aux salaires, » dit l'auteur, c'est que l'ouvrier obtienne » constamment

» constamment de son travail de quoi » entretenir, assez bien, lui et sa fa» mille, pour qu'une légère réduction » dans le prix de sa journée ne l'oblige » pas à recourir aux libéralités publiques » et particulières. Les profits sont assez » élevés, quand, sans décourager la » consommation, ils permettent l'accu» mulation. »

Il observe avec raison que l'on ne doit pas dire d'une manière absolue, *qu'un pays est d'autant plus riche, que le prix des denrées y baisse davantage*, parce que la baisse des prix ne sert la richesse, en augmentant les produits du travail, que lorsqu'elle est la conséquence d'une amélioration dans les produits industriels, et non quand elle est due à une surabondance de bras et de capitaux.

Il est d'accord en ceci avec M. Say, bien qu'il croie le combattre; car celui-ci prouve, par plusieurs exemples, qu'il ne regarde la baisse des marchandises comme avantageuse que lorsqu'elle est due à une plus facile fabrication (Say, liv. 3, ch. 4.) Et j'ajouterai qu'il faut encore que les besoins s'élèvent, que les demandes se multiplient ; circonstances qui, à la vérité, suivent assez ordinairement la baisse des prix.

M. Ferrier dit ailleurs « qu'en reconnaissant que valeur et richesse sont » synonymes, il faut toujours sous-entendre et se rappeler que la richesse » d'un pays ne dépend pas uniquement » de la valeur échangeable des produits » qui s'y créent ; que cette valeur d'échange, que ce prix de vente qu'on » obtient d'une chose ne représentent » d'ordinaire que le plus ou moins de » travail auquel l'ouvrier a dû se livrer » pour le faire, et les profits de l'industrie ; qu'en économisant du travail sur » un produit, on facilite la création d'un » produit nouveau ; et qu'enfin, c'est » l'abondance toujours croissante (1) de » produits toujours plus parfaits qui constitue la marche progressive de la richesse, et cela indépendamment de ce

---

(1) Au lieu de ces mots, *l'abondance toujours croissante*, il eût peut-être été plus exact de dire : *le débit toujours croissant.*

» qu'on appelle, prix en argent, valeur » d'échange, ou de tout autre nom. »

On voit que M. Ferrier distingue la richesse de la valeur; et que, s'il admet cependant que valeur et richesse sont synonymes, c'est sans doute qu'il n'emploie pas en cet instant le mot valeur pour désigner la valeur naturelle ni la valeur échangeable, mais qu'il l'emploie d'une manière tout-à-fait abstraite, qui signifie seulement que les choses qui constituent la richesse ont de la valeur. C'est ce qu'il aurait dû dire, ce me semble, pour bien faire entendre en quel sens restreint valeur et richesse sont synonymes.

Quand on dit, comme M. Say, que la richesse d'un particulier, d'une compagnie, d'une nation se compose de la valeur échangeable des produits qu'ils possèdent (1), on n'entend pas dire, sans doute, que cette valeur exprime la richesse, mais seulement qu'elle est un des élémens qui servent à la déterminer;

---

(1) Say, liv. III, chap. 4, première édition.

car si la récolte des vins, par exemple, manque de moitié dans un pays qui consomme tous ceux qu'il produit, la valeur échangeable du vin décuplerait dans l'intérieur, que la nation serait toujours plus pauvre que précédemment, sauf le cas où cette denrée, malgré son prix élevé, pourrait être vendue aux étrangers en quantité suffisante, pour pouvoir remplacer par une autre consommation celle dont le pays serait privé.

Dire qu'un homme ou qu'une nation est riche, c'est toujours sous-entendre qu'on les compare à un autre homme, à une autre nation, ou à eux-mêmes, à une époque différente. Quand on évalue vaguement la richesse d'un homme, on peut bien estimer en écus, par exemple, tout ce qu'il possède; parce que le point de comparaison sous-entendu, est un autre homme du même pays ayant les mêmes charges, les mêmes besoins. On peut de même, pour une approximation du même genre, estimer la richesse d'une nation par le prix courant de tout ce qu'elle possède, parce que le point de comparaison sous-entendu, est alors une nation ayant la même population, les mêmes charges, les mêmes besoins et les mêmes prix courans. Mais lorsqu'il ne s'agit plus de dire ce qu'un homme possède, mais en quoi son aisance est plus grande que celle d'un autre, on est obligé de supputer toutes les charges auxquelles les deux individus sont tenus de satisfaire; les rentes, les impôts qu'ils ont à payer, les personnes qu'ils ont à nourrir, et de plus, de prendre pour mesure commune les prix courans dans un même lieu. Il en est de même de deux nations dont on veut comparer les richesses. C'est pour n'avoir pas fait cette réflexion, que plusieurs écrivains distingués ont cru que la richesse comparative de deux peuples s'exprimait par le rapport en quantité de toutes les choses qu'ils possédaient, et que d'autres l'ont exprimée par le rapport de la valeur des mêmes choses. Ces rapports cependant ne servent à faire connaître ni l'aisance des habitans ni la puissance du pays. Celui qu'il importe de connaître, et que j'appellerai rapport de la puissance due à la richesse, est celui qui existe entre les prix courans dans un même lieu de la masse totale des objets dont chacun des deux peuples pourrait se priver en se bornant momentanément à ce qui serait strictement nécessaire à son existence et à l'entretien de ses capitaux ; rapport qui peut varier suivant le lieu où se fait la comparaison des produits que possèdent l'un et l'autre pays.

Ainsi, par exemple, un pays qui voudrait lutter de richesse avec un autre, et qui, après avoir prélevé ce qu'exigent ses stricts besoins, n'aurait que du blé de disponible, tandis que l'autre n'aurait que du vin, serait plus ou moins riche par rapport à celui-ci, selon que le prix du blé et du vin serait plus ou moins élevé dans le lieu où l'une et l'autre nations auraient une armée, par exemple, à entretenir ; le blé y est-il cher et le vin bon marché, la nation qui a du blé de trop est dans une position plus avantageuse, que si la guerre se faisait dans un pays où le vin serait rare et le blé abondant.

Soit $\frac{R}{r}$, le rapport de la puissance due à la richesse de deux pays.

N et n, le nombre de leurs habitans.

V et v, la valeur ou prix courant, dans un même lieu et à une même époque, des produits matériels qu'ils renferment.

P et p, le prix courant, dans le même lieu, de la portion des produits matériels qui, dans l'un et l'autre pays, surpassent les besoins indispensables de la totalité des habitans ; besoins qui comprennent ce qu'exige l'entretien des capitaux productifs.

C et c, le prix courant déterminé de la même manière, des choses indispensables à chaque homme dans chaque pays, tant pour la consommation que pour la reproduction.

On a : $$\frac{R}{r} = \frac{P}{p} = \frac{V - NC}{v - nc}.$$

Un exemple éclaircira ceci :

Supposons un pays peuplé de dix habitans ; ses seules richesses consistent annuellement en cent mesures de blé et cent barils de vin.

Un autre pays a une population quadruple, et, pour unique produit, deux cents mesures de blé et deux cents barils de vin.

De ce que le second pays a deux fois plus de blé et de vin que le premier, on ne peut pas conclure qu'il soit deux fois plus riche ; et, de ce que dans le premier pays chaque habitant peut consommer deux fois plus que ceux du second, on ne peut pas conclure, non plus, que ce pays soit deux fois plus riche ; car il faut d'abord prélever sur les produits de chacun d'eux, une certaine quantité par homme, quatre mesures de blé, par exemple, et quatre barils de vin ; et l'on voit qu'alors le premier pays pourra disposer de soixante barils de vin et de soixante mesures de blé ; et que l'autre ne disposera que de quarante barils et de quarante mesures.

Si la quantité indispensable à chaque homme eût été, chez les deux peuples, de trois mesures et de trois barils, au lieu de quatre; alors le premier aurait eu de disponible soixante et dix mesures de blé et soixante et dix barils de vin; l'autre aurait pu disposer de quatre-vingts mesures et de quatre-vingts barils; et le pays qui avait le moins de richesses disponibles dans la première supposition, est, dans la seconde, celui qui en a le plus.

Ce qui fait voir que selon que les besoins indispensables de chaque habitant, besoins qui peuvent varier d'un pays à l'autre, seront plus ou moins forts, le même pays pourra être alternativement plus puissant que l'autre par ses richesses; ou lui être inférieur sans que la production ait varié dans les deux pays.

Dans la première supposition, on a $\frac{R}{r} = \frac{3}{2}$ et dans la seconde, $\frac{R}{r} = \frac{7}{8}$

Supposons maintenant, 1.° que le premier pays ait, outre les cent mesures de blé et les cent barils de vin, un kilogramme d'argent. J'appelle *franc* la deux-centième partie d'un kilogramme d'argent, et je suppose que le baril de vin vaille cinq francs, et la mesure de blé dix francs : la valeur en argent de ce que produit annuellement le pays, plus sa monnaie, égalera 500 fr. + 1000 fr. + 200 fr. = 1,700 francs.

2.° Que dans le second pays il y ait deux kilogrammes d'argent ; que le baril de vin y vaille six francs, et la mesure de blé douze francs, la valeur en argent des produits de ce pays, plus, son numéraire, égalera 1,200 fr. + 2,400 fr. + 400 fr. = 4,000 francs.

Les nombres 1,700 et 4,000 ne donnent évidemment aucune idée de la richesse relative des deux pays; car le plus grand peut appartenir au pays le plus pauvre.

Appliquons donc notre formule au cas en question; supposons que l'on veuille connaître quelle serait, sous le rapport de la richesse, la puissance relative des deux pays, dans un lieu où le baril de vin vaudrait dix francs, la mesure de blé vingt francs, et le kilogramme d'argent deux cents francs.

Si, dans chaque pays, la quantité de produits indispensablement nécessaires à chaque homme pour son entretien et celui de ses capitaux se compose de quatre mesures de blé, par exemple, et de quatre barils de vin, on aura :

$$V = 100 \times 10^f + 100 \times 20^f + 1 \times 200^f = 3200^f$$
$$v = 200 \times 10^f + 200 \times 20^f + 2 \times 200^f = 6400^f$$
$$N = 10, n = 40, C = c = 4 \times 10^f + 4 \times 20^f = 120^f.$$

Qui, substitués dans la formule, donnent :

$$\frac{R}{r} = \frac{3200^f - 10 \times 120^f}{6400^f - 40 \times 120^f} = \frac{5}{4}$$

Ainsi, sur le marché en question, la puissance due à la richesse du premier pays est à celle due à la richesse du second, comme 5 est à 4.

S'il n'y avait d'argent ni chez l'un ni chez l'autre des deux peuples, on aurait : $V = 3{,}000$ fr., $v = 6{,}000$ fr., $N = 10$ $n = 40$, $C = c = 120$ fr., ce qui donnerait :

$$\frac{R}{r} = \frac{3000 - 10 \times 120}{6000 - 40 \times 120} = \frac{3}{2}$$

Valeur que nous avions déjà trouvée précédemment, et qui est indépendante du lieu du marché, parce que, dans l'hypothèse présente, le rapport des blés disponibles dans les deux pays est le même que celui des vins, et qu'il n'y a aucune autre denrée qui entre dans le calcul; ce qui fait que, quel que soit le prix courant du vin et celui du blé, le rapport total $\frac{P}{p}$ sera toujours le même.

Supposons, en dernier lieu, que les deux nations aient chacune la même quantité de numéraire, un kilogramme, par exemple, on se tromperait en négligeant cette quantité de part et d'autre. Il est aisé de le démontrer par le raisonnement; et il n'est personne qui ne sache, qu'excepté le cas où les deux termes d'un rapport sont égaux, on change ce rapport en retranchant une quantité égale du numérateur et du dénominateur. Les personnes qui, par inattention, commettraient cependant l'erreur en question, en seraient averties par notre formule.

En effet, si l'on tient compte du kilogramme d'argent que chaque nation possède, on aura :

$$V = 3200 \text{ fr.}$$
$$v = 6200 \text{ fr.}$$
$$N = 10$$
$$n = 40$$
$$C = c = 120 \text{ fr.}$$

Et par conséquent,

$$\frac{R}{r} = \frac{10}{7}$$

Rapport différent de celui de 3 à 2 que l'on aurait eu en négligeant, de part et d'autre, les quantités égales de numéraire.

L'avantage des formules algébriques est de venir au secours des raisonnemens qui, par leur longueur, perdent souvent de leur clarté, et conduisent à des résultats dont on n'est pas toujours très-sûr.

M. Ferrier est au nombre des écrivains qui rejettent cette maxime des économistes, qu *abondance et cherté est opulence.* Les économistes ont cependant raison, s'ils entendent, par *abondance*, l'abondance *de toute chose*, et par *cherté*, sa valeur en argent. Car si toute chose quelconque était plus abondante et plus chère, en argent, en France qu'ailleurs, cela prouverait qu'elle possède, en ce moment à population égale, plus de blé, plus de toiles, etc., et plus d'argent que toute autre nation ; que le travail de ses ouvriers est plus productif et plus rétribué; et que si, par exemple, elle avait une guerre lointaine à soutenir, elle pourrait entretenir ses troupes, faire des achats à l'étranger, etc., plus facilement qu'aucune autre.

Et lors même que, par cherté d'une denrée, on entendrait la quantité de travail productif qu'elle peut commander, les économistes auraient encore raison, pourvu qu'en disant qu'abondance et cherté est opulence, ils aient soin de dire que cela n'est pas tellement général, qu'il ne soit souvent très-avantageux qu'une denrée baisse de prix. Je dis qu'alors les économistes auraient encore raison dans plusieurs cas; en effet, supposons que les produits d'un pays deviennent l'objet des recherches des étrangers, au point que leurs demandes (1) croissent plus rapidement que la production, il est certain que ce pays serait dans la position la plus prospère; ses produits augmen-

(1) Par le mot *demande*, nous entendons la volonté et le pouvoir d'acheter.

teraient en quantité et auraient plus de valeur, c'est-à-dire, que la même quantité de marchandise pourrait commander à l'étranger une plus grande quantité de travail que précédemment. Et si c'était dans l'intérieur que l'étendue de la demande s'élevât au-dessus de la production, non pas de toutes les denrées, mais de quelques-unes seulement, celles-ci deviendraient plus abondantes, plus chères, et le pays y gagnerait. A la vérité, cette augmentation de valeur et d'abondance pourrait n'être que momentanée, mais quelquefois aussi elle serait durable.

Les marrons d'Inde, par exemple, ont une valeur presque nulle en ce moment ; supposons que, par une opération quelconque, on parvînt à en tirer un produit très-utile, nous multiplierions à l'instant les marronniers ; et, quelque grande que fût cette multiplication, la valeur des marrons d'Inde resterait toujours très-supérieure à ce qu'elle est aujourd'hui. C'est là ce qui est arrivé toutes les fois que l'homme a modifié et approprié à son usage les produits naturels de la terre, ou fait naître des goûts nouveaux, par la perfection de la fabrication. Quand on ne faisait que des étoffes grossières avec la laine des moutons, les belles laines valaient moins qu'aujourd'hui, et elles étaient moins abondantes.

D'un autre côté, il y a généralement incompatibilité naturelle entre l'abondance, plus grande que de coutume, d'une denrée dont le degré d'utilité n'a point changé, et l'accroissement de sa valeur échangeable relativement au travail et aux autres denrées. Un accroissement de valeur, dans ce cas, ne proviendrait le plus souvent que de moyens artificiels, tels que monopoles, accaparemens, impôts; il n'en résulterait alors aucune opulence pour l'état; la vente diminuerait dans l'intérieur et à l'étranger; moins de consommations auraient lieu parmi les nationaux, et moins de marchandises étrangères viendraient remplacer les exportations.

Récapitulons, et disons que dans l'ordre ordinaire des choses, c'est-à-dire en écartant les monopoles, les accaparemens, les impôts et autres causes artificielles de l'augmentation des valeurs, il est exact de de poser en principe qu'abondance et cherté est opulence, ce qui ne veut pas dire que la plus grande abondance d'une denrée et sa diminution de valeur échangeable ne soient souvent un bien. Ce peut être un bien, ce peut être un mal : un bien, quand la baisse des prix est due à l'amélioration de la fabrication ; un mal, quand elle provient d'une offre trop grande de bras et de capitaux. Enfin, diminution de valeur sans augmentation d'abondance, est toujours un mal, quand cet effet est général sur tous les produits, ou qu'existant sur un seul, il n'est pas compensé par la plus grande abondance d'un autre produit.

On voit que c'est souvent faute de s'entendre, faute de bien poser les questions, que l'on discute tant.

Avant de terminer ce chapitre, je dirai ce qu'il me semble que l'on devrait entendre par le mot valeur, et comment on peut apprécier la valeur rélative des différens objets fabriqués par l'homme.

Une chose a de la valeur dans le sens que nous donnons ici à ce mot quand on ne peut pas se la procurer sans quelque travail, et que de plus elle plaît à l'homme et contribue à son bien être.

L'air que nous respirons nous est certes bien utile, et cependant il n'a aucune valeur dans l'acception reçue, c'est-à-dire qu'en général on ne donnera aucun objet créé par le travail en échange d'une quantité quelconque d'air. Mais que l'on habite, par exemple, une maison mal saine, et qu'on parvienne à y introduire un air plus salubre, au moyen de quelques travaux, cet air, dès ce moment, a de la valeur.

A la rigueur, on devrait toujours dire que l'air a de la valeur, puisqu'il nous est tellement nécessaire, que si nous en étions privés, nous nous en procurerions au prix de tout ce que nous possédons; mais c'est pour simplifier les raisonnemens que l'on est convenu de regarder *comme sans valeur*, quand on parle de la richesse d'une nation ou d'un individu comparativement à d'autres, tout objet dont tout le monde jouit indistinctement sans aucun travail.

« Ce que chaque chose, dit Smith, » coûte réellement à la personne qui veut » l'acquérir, c'est la peine et l'embarras

» de l'acquérir. Ce que chaque chose vaut » réellement pour celui qui l'a acquise et » qui cherche à en disposer ou à l'échan- » ger pour quelqu'autre objet, c'est la » peine et l'embarras que cette chose peut » lui épargner, et qu'elle a le pouvoir » de rejeter sur d'autres personnes. »

.....« Le travail a été le premier prix, » la monnaie payée pour l'achat primitif » de chaque chose. Ce n'est point avec de » l'or, c'est avec du travail que toutes » les richesses du monde ont été achetées » originairement. » (Liv. I, chap. V.)

Ces réflexions me paraissent très-justes, et je ne regarde pas pour cela le travail comme *l'unique élément* de la richesse. C'est avec du travail qu'on a acquis des richesses ; mais pour les acquérir il fallait que les sources en existassent quelque part ; elles existaient dans les produits de la nature.

Si toutes les terres étaient en commun, et qu'elles produisissent sans aucune culture les fruits nécessaires à la nourriture de l'homme, il faudrait encore un certain travail pour les récolter, et les personnes qui ne pourraient pas ou ne voudraient pas se livrer à ce genre de travail, seraient obligées de le payer par un autre travail.

Les fruits, dans l'hypothèse en question, n'ont pas plus de valeur avant d'être ceuillis, que l'eau de la rivière : telle ou telle propriété leur est inhérente, cela est vrai ; ils ont une valeur en ceci que le genre humain souffrirait, si la grêle, par exemple, venait à les détruire, comme il souffrirait si les fontaines venaient à tarir ; mais ces fruits n'ont pas encore ce qu'on est convenu d'appeler valeur. Personne, en effet, ne peut les vendre, personne ne peut les acheter. Pour avoir une valeur dans ce sens, il faut qu'ils soient acquis à quelqu'un, et c'est alors qu'ils peuvent être évalués par une quantité de travail.

Le travail est donc réellement le premier prix de toutes choses ; mais ce n'est pas dire qu'il les a créées ; c'est reconnaître qu'il leur a donné une valeur, et qu'il peut servir à l'exprimer ; ce qui est fort différent.

A présent que nous savons ce que nous voulons dire, quand nous disons qu'une chose a de la valeur ou n'a aucune valeur, cherchons comment on peut comparer entr'elles les valeurs de plusieurs objets.

Dans l'enfance des sociétés, quand la terre appartenait en commun à tous les hommes, la valeur naturelle d'une chose était égale au travail de ceux qui l'avaient recueillie et fabriquée. Quand quelques personnes eurent accumulé des subsistances et des matériaux, elles firent travailler d'autres hommes pour leur compte, afin de vendre ensuite leurs produits avec bénéfice; et dès-lors la valeur naturelle se composa du salaire des ouvriers et du profit des capitaux. Plus tard enfin, lorsque la terre fut devenue la propriété de quelques individus, par un droit quelconque qu'on peut toujours considérer comme le résultat d'un travail, ce qu'il fallut payer au propriétaire de la terre pour recueillir les matières premières, devint un nouvel élément de la valeur naturelle.

La valeur naturelle d'un objet se compose donc maintenant du taux moyen et ordinaire, 1.° des salaires de tous les gens industrieux qui ont contribué à le fabriquer, et à le mettre à la portée des personnes qui doivent en faire usage; 2.° des profits du capital employé à le produire, le préparer et le conduire au marché; 3.° des profits de la terre qui a produit les matières premières dont il est formé.

Ces élémens de la valeur naturelle sont, les uns et les autres, le prix d'un travail; car on peut supposer que l'ouvrier qui fabrique un produit, a, par un travail antérieur, formé le capital et pris possession de la terre qui contribuent maintenant au développement de son industrie. Les salaires acquittent le travail du moment; l'intérêt et le fermage paient les travaux antérieurs. On peut donc dire que la valeur naturelle d'un produit dépend entièrement des différens travaux nécessaires à sa production, et que cette valeur comprend les salaires de l'ouvrier proprement dit, les profits du capitaliste et le fermage du propriétaire; distinctions qui n'ont été faites que parce que le même homme réunit rarement les trois qualités, d'ouvrier, de capitaliste et de propriétaire.

M. Ricardo, en ne considérant point le fermage comme un élément du prix des denrées, a supposé, au moins tacitement, que la prise de possession d'un champ pouvait n'être le résultat d'aucun travail. Il n'est cependant aucune époque de notre histoire où cela ait été ainsi. L'Européen qui passe les mers pour former un établissement agricole dans les forêts de l'Amérique, ne l'acquiert que par son travail ; et si un payement quelconque au propriétaire du lieu qu'il choisit, que ce propriétaire soit un individu ou un peuple, ne lui assure la jouissance tranquille de la terre qu'il cultive, il faut qu'il le remplace par les soins qu'exige alors la défense de son champ. Qu'un terrein soit acquis par la force ou à denier comptant, qu'on le doive à l'industrie de ses ancêtres ou à la sienne propre, c'est toujours le prix d'un travail, c'est toujours une sorte de capital ; et celui qui a acquis ce terrein n'en prête pas plus la jouissance gratis, qu'un capitaliste ses écus, ou un ouvrier son travail.

Ce n'est que chez un peuple où les

terres seraient cultivées en commun ou ne le seraient pas du tout, comme chez quelques peuples nomades, que le fermage ne doit pas entrer dans la valeur des choses, parce qu'appartenant en commun à tout le monde, il n'est payé à personne; mais du jour qu'un homme s'empare d'un coin de terre pour son compte particulier, il peut regarder le fermage comme un élément de la valeur des produits qu'il en retire. Car si un autre individu a fantaisie du même terrein, il ne pourra l'acquérir qu'en payant quelque chose au premier propriétaire. Remarquez bien que je ne dis pas que le fermage accroît la valeur des produits; mais que dans une analyse de la valeur naturelle, on ne peut se dispenser de considérer ce qui revient au propriétaire; de même que l'on considère les profits du capitaliste, bien que l'ouvrier ait pu commencer son travail par former lui-même, de toutes pièces, le capital qui lui était nécessaire.

Le taux du fermage dans un pays n'est pas plus arbitraire que le taux de l'intérêt et celui des salaires; ceux-ci sont variables par différentes causes qu'il est inutile de rappeler ici ; le fermage l'est aussi et par des causes analogues. Il se détermine approximativement par la différence qui existe entre les produits que donne un terrein et ceux que les mêmes ouvriers, par un travail égal et avec un égal capital, obtiendraient en s'adonnant à une autre industrie. Ainsi quand il y a des terres assez mauvaises pour que leurs produits acquittent seulement les salaires des ouvriers et les intérêts des capitaux employés à leur exploitation, et cela au taux qui existait immédiatement avant que les terres de cette qualité ne rendissent un produit quelconque, l'on peut dire que le produit de ces mauvaises terres, retranché du produit de toute autre terre meilleure et de même étendue, à laquelle même travail et même capital seraient employés, donne le fermage de celle-ci, non au moment présent, mais à celui qui a précédé l'époque où l'accroissement des capitaux et de la population a fait baisser le taux de l'intérêt et des salaires, au point de trouver quelqu'avantage à exploiter une qualité de terres qui n'avaient pas encore eu de maîtres, ou qui au moins ne rapportaient rien, absolument rien à ceux qui les possédaient. Si je dis que cette différence entre les produits de ces deux espèces de terres ne donne pas le fermage de la meilleure au moment où l'autre a été exploitée, c'est que le fermage de celle-ci n'est pas zéro, dès qu'elle donne à quelqu'un un produit quelconque. Pour qu'il fût zéro, il faudrait que le taux de l'intérêt et des salaires n'eût pas baissé ; et s'il n'avait pas baissé, cette terre n'aurait pas été exploitée, et par conséquent ne rapporterait rien.

La valeur échangeable d'une denrée est la quantité de tout autre produit qu'on peut recevoir en échange ; ainsi la valeur naturelle d'un objet représente le travail qu'il a coûté, et la valeur d'échange le travail qu'il peut commander.

La valeur naturelle n'est elle-même, comme l'on voit, qu'une valeur d'échange, en la considérant dans ses rapports avec le travail et les objets qui ont été donnés en échange du salaire, de l'intérêt et du fermage.

La valeur naturelle peut, dans un même instant et un même lieu, varier entre deux objets parfaitement semblables ; mais chacun d'eux conserve toujours sa valeur naturelle.

La valeur échangeable est, dans un même instant et un même lieu, toujours la même pour des objets semblables ; mais elle peut varier pour les mêmes objets d'un instant à l'autre.

Ainsi, dans un même lieu, la valeur d'échange d'objets identiquement semblables est la même pour tous à une même époque ; et la valeur naturelle de l'un d'eux est la même à toutes les époques.

La différence entre la valeur naturelle et la valeur d'échange peut quelquefois être très-grande. Un diamant, par exemple, que le hasard fait trouver, a une valeur naturelle très-faible ; et il a une valeur d'échange très-forte, parce qu'il peut commander un travail à peu près égal à celui qu'il faut employer ordinairement pour se procurer un diamant semblable. D'un autre côté, des produits créés à une époque antérieure à celle où les procédés nécessaires à leur fabrication se sont très-simplifiés, ont une valeur naturelle beaucoup plus forte que leur valeur échangeable.

En général, la valeur échangeable tend sans cesse à égaler la valeur naturelle; mais elle peut la surpasser ou lui être inférieure : elle la surpasse quand la demande l'emporte sur la production; elle lui est inférieure quand les besoins sont au dessous des quantités produites. Dans le premier cas, une plus grande production est excitée; dans le second, elle diminue. C'est ainsi que la valeur échangeable d'un produit quelconque s'abaisse ou s'élève pour atteindre sa valeur naturelle.

Il peut arriver cependant que ce soit la valeur naturelle qui s'élève ou s'abaisse pour égaler la valeur échangeable : cela a lieu lorsqu'il s'agit d'objets dont la production ne dépend en rien de l'homme.

Ainsi que telle espèce d'oiseaux de passage, que chaque année on tuait en grande partie, devienne subitement l'objet du goût d'un plus grand nombre d'hommes; la concurrence des acheteurs peut être telle, que le prix d'échange de ces oiseaux s'élève à un taux exorbitant. Les chasseurs ne pourront guère en procurer un plus grand nombre ; mais beaucoup plus de chasseurs en chercheront. Ce sera donc la valeur naturelle qui montera, et elle s'approchera bientôt de la valeur d'échange. Disons donc que la valeur naturelle et la valeur d'échange peuvent être égales, peuvent être différentes, et qu'elles tendent sans cesse l'une vers l'autre. (1).

La valeur naturelle d'une denrée exprimée en monnaie s'appelle son prix naturel ; sa valeur échangeable exprimée de la même manière se nomme son prix courant.

---

(1) Une faute commune à plusieurs écrivains, c'est de ne pas distinguer la valeur naturelle de la valeur d'échange. Cette distinction est indispensable. Comment expliquerait-on sans elle pourquoi telle fabrique prospère, tandis qu'une autre d'où sortent des produits identiques se ruine ? N'est-ce pas parce que la valeur échangeable des produits des deux fabriques est nécessairement la même, et que leur valeur naturelle est différente ?

M. Ferrier dit « que la production ces» serait à l'instant, si les avances qu'elle » entraîne ne devaient rentrer avec béné» fice. » La production, le plus souvent, ne cesse pas pour cela : elle diminue jusqu'à ce que la rareté des produits ait reporté leur valeur d'échange au taux de la valeur naturelle. Ce n'est que dans le cas où un objet, quelle que soit sa rareté, ne pourrait jamais être payé ce qu'il a coûté, que la production cesserait tout-à-fait. Mais si M. Ferrier a tort de dire que toute production cesse quand les frais de production ne sont pas couverts, M. Malthus, de son côté, a-t-il raison de n'en tenir aucun compte ? voici comment il s'exprime : « Le prix dépend de » l'offre comparée à la demande ; *il ne » tient point aux frais de production.* » (Chap. II, Sect. III.) Il aurait dû se borner à dire que le prix courant dépendait de l'offre comparée à la demande, et ne pas exclure les frais de production ; puisque ceux-ci influent sur l'étendue de l'offre, sinon au moment même, au moins pour l'avenir. En effet, les frais sont-ils couverts, on continue de produire comme par le passé; ne le sont-ils pas, la production diminue et conséquemment l'offre. Il fallait donc dire que, si la valeur d'échange ne dépendait pas toujours de la valeur naturelle, du moins ces deux quantités différaient le plus souvent de peu de chose, et tendaient constamment vers l'égalité.

Les exemples sur lesquels M. Malthus appuie son opinion ne me paraissent pas concluans. Il dit que, si le blé se produisait sans frais, son prix ne baisserait pas, « pourvû que la quantité de blé » apportée au marché restât la même, et » que la société conservât les mêmes be» soins et les mêmes moyens d'acquérir. » Je ne vois pas cela : tout le monde pouvant récolter du blé, sans frais, sur ses terres, le cultivateur qui aurait semé et recueilli du lin exigerait certainement, pour ce produit, une plus grande quantité de blé, que lorsque ce grain exigeait des frais de culture; autrement, il abandonnerait une partie de ses terres à elles-mêmes, pour obtenir le blé qui y croîtrait spontanément. M. Malthus dira, peut-être, qu'alors on n'est plus dans les conditions qu'il a posées, savoir, que la production resterait la même. Mais n'est-ce pas lui qui a eu tort de poser simultanément des conditions qui s'excluent. Car si toutes les terres pouvaient produire du blé sans frais, il est certain qu'on en aurait davantage. M. Malthus limite-t-il cette faculté à quelques cantons privilégiés, afin que la production ne puisse pas s'accroître ? Alors le prix d'échange pourra bien ne pas varier ; mais le prix naturel n'aura pas changé non plus, attendu que si les salaires et les capitaux employés à la récolte du blé sont presque nuls, un autre élément de la valeur naturelle, le profit de la terre, a augmenté. Car le prix des terres en question se sera fort élevé, par suite de la propriété toute particulière dont elles jouissent.

Il cite ensuite les billets de banque ; et cependant ils n'ont pas, comme papier, une valeur d'échange supérieure à leur valeur naturelle : il en est de ce papier comme de celui sur lequel on a passé un acte chez un notaire ; c'est la promesse tracée dessus, c'est le droit qu'il qu'il donne qui constitue sa valeur échangeable.

Supposons enfin qu'un homme se plaise à fabriquer tous les ans une certaine quantité de pompes à incendie; bien qu'il soit obligé de les vendre à moitié de leur valeur naturelle, parce que ses concitoyens, n'en appréciant pas assez l'utilité, n'en achèteraient pas à un prix plus élevé, dira-t-on que dans ce cas-ci le prix d'échange ne dépend point du prix naturel? On se tromperait encore; car il faut distinguer, dans le fabricant de pompes, deux hommes bien différens, l'un producteur, l'autre consommateur: le premier vend ses pompes leur prix naturel; le second les consomme en partie; il paie la moitié de leur prix pour obtenir en échange la jouissance d'être utile à ses semblables; l'autre moitié du prix est payée par l'homme qui emporte la pompe pour s'en servir. Ceci répond, je crois, à l'objection de M. Malthus, relativement aux primes accordées pour la fabrication de quelques produits, et relativement aux frais d'éducation des curés anglicans et aux faibles traitemens qu'ils reçoivent ; traitemens qui ne sont pas en proportion des frais de leur éducation, parce que ces frais sont payés en partie par des personnes charitables. Encore ne faut-il pas considérer seulement le simple traitement des curés ; il faut faire entrer en compte le parti qu'ils tirent de leurs talens, les dons que leurs fonctions leur attirent, les dignités ecclésiastiques auxquelles ils peuvent parvenir, et les forts traitemens qui y sont attachés. Quant aux primes, si elles font en apparence baisser le prix d'échange au-dessous des frais de production, c'est que le vrai prix s'est divisé en deux parties : l'une a été payée d'avance par le gouvernement, en échange de l'avantage qu'il se propose, et l'autre le sera par ceux qui voudront acquérir ce produit. Lorsque au contraire, par l'effet d'un monopole ou d'un impôt, le prix d'échange paraît surpasser constamment le prix naturel, c'est qu'on oublie de comprendre, dans les frais dont celui-ci se compose, ce qu'il faut payer au gouvernement.

L'analyse que j'ai donnée de la valeur naturelle, me paraît satisfaisante : elle le serait encore plus, si l'on pouvait indiquer les élémens dont les salaires se composent ; car ils diffèrent considérablement entr'eux ; et rien ici n'indique la manière de connaître leur valeur relative. Voici comment Smith s'exprime à ce sujet : « Quoique le tra» vail soit, pour toutes les marchandises, » la mesure réelle de leur valeur, ce » n'est pas ordinairement sur ce travail » que nous estimons ce qu'elles valent : » il est souvent difficile de déterminer » la véritable proportion entre deux » quantités différentes de travail ; le » temps employé à deux sortes d'ou» vrages ne la détermine pas toujours; » il faut compter les degrés divers de » peine et de talent. Un ouvrage pénible » consume plus de travail dans une » heure que n'en consume, dans l'espace » de deux, un ouvrage facile : une » heure même d'application donnée à un » métier qui a coûté dix années d'appren» tissage, l'emporte sur un mois d'oc» cupation d'un genre ordinaire, et à » laquelle tout le monde est propre. Or, » il n'est pas aisé de trouver une mé-

» thode sûre pour mesurer la peine et le
» talent. On tient pourtant compte de
» l'un et de l'autre, quand on échange
» ensemble les productions de deux dif-
» férens genres de travail ; mais ce
» compte là n'est réglé sur aucune ba-
» lance exacte : c'est en marchandant et
» en débattant les *prix du marché* qu'il
» s'établit, d'après cette grosse équité,
» qui, sans être fort exacte, l'est bien
» assez pour le train des affaires com-
» munes de la vie. » (Smith, liv. I, ch. V.)

Et il ajoute plus bas que cette expression, *quantité de travail*, renferme une *idée abstraite* qu'il n'est pas facile de comprendre.

C'est ce qui m'engage à indiquer de quelle manière on pourait parvenir, je crois, à donner une analyse détaillée de la valeur naturelle des choses.

Si l'on ne tenait pas compte du temps d'apprentissage, de la valeur des matières premières, du profit des capitaux, et du plus ou moins de peine, de péril et de talent, le temps serait la mesure commune des différens travaux. Tel objet, dirait-on, vaut le double d'un autre, car on a mis deux fois plus de temps à le fabriquer.

Mais le temps employé à fabriquer un objet, n'est qu'un élément de la valeur naturelle. La journée n'a pas un prix fixe pour tout le monde. Un ouvrage indépendamment de la valeur des matières premières, vaudra donc le temps employé à le fabriquer, multiplié par la valeur de la journée de l'ouvrier. Celle-ci varie selon le talent de l'ouvrier, le temps de l'apprentissage, la peine et le péril du travail.

Pour ce qui regarde le talent, je remarque que si un peintre qui a étudié autant de temps qu'un autre, se fait payer cependant dix fois plus, c'est que tous les hommes n'étant pas nés avec la même aptitude pour tous les arts, il faudrait pour rencontrer un peintre de la force du premier, faire étudier plus de personnes que pour en former un de la force du second, et que le temps perdu par ceux qu'on ne peut rendre peintres habiles, entre dans la masse du temps qui sert à évaluer les tableaux de l'un comparativement à ceux de l'autre.

Appelons j la valeur de la journée d'un homme qui peut travailler pendant sa vie un temps k à un métier qui exige un temps t d'apprentissage, j' celle d'un ouvrier dont la profession soit telle que tout homme puisse s'y livrer sans aucun apprentissage, et sans abréger en rien la durée de son existence. J'appelle k' la portion de sa vie qu'il peut consacrer au travail. Ce que gagne le premier ouvrier pendant toute sa vie, c'est-à-dire $(k\text{-}t)\,j$ doit au moins égaler ce qu'il aurait gagné dans le second métier, c'est-à-dire, $k'\,j'$, plus la valeur du capital employé à son apprentissage. Pour avoir la valeur de ce capital, je puis supposer que la dépense journalière de l'apprenti, égale la valeur de ce qu'il aurait gagné en se livrant au second métier, c'est-à-dire à celui qui ne demandait point d'apprentissage, ce capital sera donc représenté par tj', et l'on aura :

$$(k - t)\,j = k'j' + tj'.$$

d'où on tire $\dfrac{j}{j'} = \dfrac{k' + t}{k - t}.$

Nous avons supposé jusqu'à présent tous les hommes d'une capacité égale ; pour tenir compte maintenant du plus ou moins de talens, j'exprime par n le rapport de la valeur des journées entre deux ouvriers de la première profession, dont l'un a ce talent ordinaire que le commun des hommes peut acquérir, et l'autre un talent supérieur. Cette quantité n, est, comme on voit, fonction du nombre qui exprimerait la probabilité que dans un nombre donné d'hommes il s'en trouvera un de la force de l'ouvrier qu'on a en vue. Soit j la valeur de la journée de l'ouvrier ordinaire, et J celle de l'autre, on aura $j = \frac{J}{n}$; cette valeur substituée pour j dans l'expression de $\frac{j}{j'}$ trouvée précédemment, donnera :

$$\frac{J}{j'} = \frac{n\,(k' + t)}{k - t}$$

et si je prends j' pour l'unité de valeur des journées, j'aurai :

$$J = \frac{n\,(k' + t)}{k - t}.$$

Si maintenant nous appelons :

V la valeur naturelle d'un objet quelconque,

C la valeur des matières premières qui y entrent, et l'intérêt des capitaux employés à sa fabrication,

T le nombre de jours employés à le fabriquer ;

on aura :

$$V = T \times J + C = T \times \frac{n(k' + t)}{k - t} + C.$$

La valeur des matières premières renfermées dans C s'évanuera de la même manière tant qu'elles pourront être à leur tour considérées comme le produit d'un travail quelconque.

Ce n'est pas ici le lieu de continuer ces sortes de recherches, le temps me presse, et je n'ai voulu que les indiquer ; elles sont peut-être, d'ailleurs, plus curieuses qu'utiles. Toutefois il m'a semblé qu'elles pourraient servir à donner une idée de la manière dont le talent, les peines, le danger, l'apprentissage, le temps, entrent dans la valeur des choses, et que si l'on ne pouvait pas passer facilement de la théorie à l'application, faute de quelques données indispensables qui ne seront jamais que probables, au lieu d'être certaines, l'esprit saisit du moins la véritable différence de valeur naturelle entre deux produits très-différens, entre un tableau par exemple, dû au pinceau de Gérard, et une pièce de toile. Au surplus, je sais très-bien, et je répète ici, que la valeur d'échange, que le prix courant, est en général la meilleure manière de juger approximativement de la valeur naturelle.

Nous avons vu comment la valeur naturelle d'un produit se composait des profits de l'industrie, des capitaux et de la terre. Le profit de l'industrie, ainsi que nous l'avons déjà dit, se nomme salaire; sa valeur échangeable forme le revenu du travailleur. Le profit du capital se nomme intérêt; sa valeur échangeable est le revenu du capitaliste. Ce que le capital produit en sus de l'intérêt forme le salaire de ceux qui l'ont employé. Le profit de la terre se nomme le fermage; sa valeur échangeable forme le revenu du propriétaire de la terre. Ce que la terre produit en sus du fermage forme le salaire de toutes les personnes qui ont contribué, par leur industrie, à l'exploitation de la terre, et les intérêts de tous les capitaux qui y ont été employés. Entre le revenu du propriétaire d'une terre ou d'un capital et le revenu d'un ouvrier, il y a cette différence que le propriétaire et le capitaliste jouissent de leur revenu, en vertu d'un travail antérieur, mais sans aucun travail présent ; c'est la terre, c'est le capital qui produisent pour eux ; tandis que l'homme industrieux qui n'a d'autre propriété que lui-même, doit produire, doit travailler, pour avoir un revenu. Cette différence essentielle est la cause, sans doute, qui, dans le langage ordinaire, a fait donner au revenu du propriétaire foncier et à celui du capitaliste, le nom générique de *rente*, pour les distinguer du revenu que procure un travail personnel, revenu qui, selon les états, est appelé profit, salaire, gage, appointement, etc.

Le fermage peut être nul, sans que la production cesse. Il en est de même de l'intérêt, mais non du salaire. Une terre, en effet, peut momentanément, sans cesser de produire, ne rapporter que l'intérêt des capitaux et le salaire des personnes employés à son exploitation; un capital peut ne donner aucun profit, et ne pas dépérir; mais l'ouvrier, pour travailler, doit recevoir un salaire quelconque, ne fût-ce que sa nourriture journalière. C'est quand le salaire est nul que toute production cesse.

On aurait tort cependant d'en conclure que c'est principalement de la variation des salaires que dépendent la hausse et la baisse des prix; car il peut arriver que les demandes, en se multipliant, obligent les entrepreneurs à élever le prix de la journée de leurs ouvriers, afin d'en obtenir plus de travail ou d'attirer plus d'ouvriers dans leurs ateliers; et cette hausse des salaires, loin d'augmenter la valeur échangeable des produits, la diminue, si la production s'est accrue dans une proportion plus grande que la demande. Le même résultat a lieu encore lorsque, malgré la hausse des salaires, la totalité des frais de production a diminué. Mais il me semble qu'il serait inexact de dire, d'une manière absolue, comme M. Ricardo (1), que la valeur des produits ne peut jamais hausser par l'effet d'une hausse dans les salaires ; car il est plusieurs circonstances où le contraire arrivera. Si une grande partie de la population, par exemple, était appelée à l'armée, la demande restant la même, et les producteurs ayant diminué en nombre, les ouvriers exigeront de plus forts salaires, la production ne s'accroîtra pas pour cela : elle pourra même diminuer, et le prix des marchandises s'élèvera.

Supposons encore que l'on vienne d'inventer l'art de dorer sur cuivre, et que les ouvriers, qui ne connaissent point le danger de ce métier, prennent deux francs par jour ; qu'au bout de quelques années ils s'aperçoivent des effets fâcheux du mercure sur leur santé, plusieurs abandonneront cette profession ; et pour retenir les autres, l'entrepreneur sera forcé d'augmenter leur

---

(1) Principes d'économie politique, chap. 1.er, page 62.

salaire : il produira moins momentanément, et le prix de ses ouvrages s'élèvera et se maintiendra à un taux plus considérable qu'auparavant, alors même que de nouveaux ouvriers auraient remplacé ceux qui l'ont quitté.

Revenons à M. Ferrier ; il termine le livre premier par ce résumé des principes qu'il a cherché à établir. J'ai mis en regard ce que j'ai cru devoir y substituer.

« L'abondance des » choses consommables » est ce qui constitue » la richesse d'un peuple. »	Tout ce qui peut satisfaire les besoins de l'homme, au moyen d'objets matériels susceptibles d'accumulation et d'échanges successifs, est ce qu'on appelle proprement richesse. Ces objets sont-ils en plus grand nombre dans un lieu que dans un autre, on dit qu'il renferme plus de richesses que celui-ci. Veut-on comparer, non la quantité de ces objets existans dans chaque pays, mais l'aisance et la puissance qu'ils donnent, on dira qu'un

	homme, qu'un peuple est plus riche qu'un autre quand, au-delà de ses stricts besoins, il pourra disposer de plus de produits.
« La richesse des » peuples reconnait trois » élémens principaux.»	La richesse des peuples reconnait quatre élémens principaux.
« 1.° La terre, parce » que c'est la terre qui » nourrit l'homme et » qui lui fournit, par » ses productions, la » matière première sur » laquelle il exerce son » industrie. »	1.° La terre, parce que c'est la terre qui nourrit l'homme et qui lui fournit les matières premières sur lesquelles il exerce son industrie.
« 2.° Le travail, parce » que, sans le travail, » la terre ne produirait » rien ou produirait » mal, et que le travail » modifiant ensuite les » produits de la terre, » leur donne une nou- » velle valeur qu'ils » doivent entièrement » à la main de l'homme.	2.° Le travail, car c'est par le travail que l'homme donne de la valeur aux productions de la terre, en s'en emparant d'abord d'une manière quelconque, et ensuite en les modifiant et les appropriant à ses goûts.
» 3.° Et enfin la mon- » naie, parce que c'est la » monnaie qui facilite » et multiplie les échan-	3.° Les capitaux accumulés, parce que, sans capital, on ne peut entreprendre aucun travail de longue durée.

» ges, et avec les échan-
» ges la production dont
» elle est devenue l'a-
» gent le plus actif. »

4.° La monnaie, parce que la monnaie facilite et multiplie les échanges, et avec les échanges la production.

« Chacun de ces élé-
» mens de la richesse
» des peuples considéré
» d'une manière abs-
» traite, peut servir de
» base à un système
» d'économie poitique. »

« Ces systèmes con-
» duisent tous à des
» résultats faux, parce
» que le problème à ré-
» soudre ayant trois
» données, il est impos-
» sible de bien opérer
» sur une seule. »

Aucun de ces élémens ne doit être négligé, quand on recherche les causes de la richesse des peuples. Le second de ces élémens, le travail, met les autres en œuvre, et la richesse naît.

« Le travail intellec-
» tuel est le travail par
» excellence : les pro-
» duits immatériels sa-
» tisfont de véritables
» besoins aussi bien que
» les produits matériels :
» tous concourent éga-
» lement à la richesse
» des peuples (1). »

Quelques-uns des produits classés parmi les produits immatériels, satisfont, il est vrai, de véritables besoins, et concourent indirectement à la formation des produits matériels; mais ce serait faire un double emploi dans l'é-

(1) M. Ferrier, ce me semble, oublie bien vite que

valuation des richesses d'une nation, que d'ajouter la valeur des produits immatériels à celle des produits matériels. Car la valeur brute de ces derniers contient déjà la partie à laquelle a contribué le travail intellectuel. Les produits immatériels de quelque nature qu'ils soient, ont une valeur réelle, en cela seulement qu'ils sont admis au partage de la valeur des produits matériels. Ces deux valeurs ne doivent donc pas s'ajouter.

« La richesse qui » consiste essentielle- » ment dans l'abon- » dance des produits, » peut croître quand de » meilleurs procédés » industriels font tom- » ber les prix ; mais

La richesse peut croître quand de meilleurs procédés industriels font tomber les prix en augmentant l'abondance, ou quand l'élévation des prix n'est pas due à une diminution d'abondance.

---

dans les trois élémens de la richesse des peuples qu'il vient d'indiquer quelques lignes plus haut, il ne parle que du travail dû à la main de l'homme, ce qui exclut le travail intellectuel proprement dit.

« cette

» cette baisse des prix » est un mal dès qu'elle » reconnait pour cause » une baisse forcée des » profits et des salaires.»

« Les écrivains de » l'école administrative » en France, ont tou- » jours fait consister » la richesse des peu- » ples dans l'agriculture » et les fabriques. De- » puis plusieurs siècles, » tous les efforts de l'ad- » ministration tendent » à l'accroissement des » produits du travail ; » nos anciens édits sur » le commerce le prou- » vent sans réplique. » C'est là que Smith a » pris l'idée de faire du » travail la richesse par » excellence.»

La baisse des prix est un mal quand elle a pour cause une offre trop grande de bras et de capitaux.

Les bons écrivains de l'école administrative en France, ont toujours fait consister la richesse des peuples dans l'agriculture et les fabriques. Depuis plusieurs siècles, tous les efforts de l'administration tendent à l'accroissement des produits du travail. Plusieurs de nos anciens édits sur le commerce le prouvent. Mais l'administration, en France comme ailleurs, s'est trompée quelquefois sur les moyens de faire naître la richesse ; et il en serait de même de toutes les personnes de quelques écoles qu'elles soient, qui voudraient résoudre ce problême par de simples considérations théoriques; parce qu'il n'existe guères en économie politique de règle d'une application générale; et que c'est seulement par des tâtonemens, qu'à la vérité cette science donne les moyens de diriger avec intelligence, que l'on peut arriver dans la pratique à découvrir ce qui convient le mieux à un peuple placé dans des circonstances données.

EXAMEN

DU LIVRE SECOND,

INTITULÉ:

DE L'ARGENT

CONSIDÉRÉ DANS SON INFLUENCE SUR LA REPRODUCTION.

M. FERRIER, dans le chapitre premier, rappelle à ses lecteurs que depuis l'enfance des sociétés jusqu'à nous, le système des échanges a parcouru quatre périodes, savoir : CH. I.

« I.re période. Echange en nature.

» II.me période. Echange contre un pro» duit d'un usage assez général, pour » pouvoir, en tout temps, être facile» ment échangé lui-même.

» III.me période. Echange contre les » métaux donnés et reçus en morceaux, » au titre et au poids.

» IVme période. Echange contre la » monnaie de métal, frappée au coin » du souverain. »

Dans le chapitre suivant, il veut
CH. 2. faire connaître l'effet de la circulation de l'argent, et en quel sens l'argent est richesse; et il me semble qu'il se trompe beaucoup, lorsqu'il affirme qu'une pièce de monnaie de cinq francs pouvant faire circuler annuellement pour cent cinquante francs de divers produits, la pièce de cinq francs *crée* annuellement cent cinquante francs de valeur. La preuve qu'il en donne, c'est que sans cette pièce de cinq francs, la circulation et, par conséquent, la production n'auraient point eu lieu; ce qui est évidemment inexact. Car beaucoup d'échanges s'effectuent sans le secours de l'argent monnayé, au moyen d'une évaluation en argent, comme nous l'avons expliqué liv. 1, chap. 4. Ainsi il fallait dire que, sans la pièce de cinq francs, la circulation eût été *moins active*, et qu'en conséquence, elle *a contribué* à la production des cent cinquante francs de valeur, mais non pas qu'elle les a créés;

car elle ne peut rien produire seule, et l'on peut créer sans elle.

M. Ferrier va encore plus loin. « L'argent, dit-il, est plus que les richesses, » car il les crée toutes. » Et plus bas, il compare le numéraire que possède un pays, aux métiers qui enrichissent un fabricant : comparaison assez juste sous un certain rapport, mais qui condamne M. Ferrier; car des métiers ne créent pas, mais servent à créer. Smith avait déjà fait cette comparaison; et loin de déprécier l'argent, ainsi que le lui reproche M. Ferrier, il en relève souvent les avantages : il le nomme la grande roue de la circulation, l'instrument universel du commerce; et si, malgré cela, on peut lui reprocher, peut-être, de n'avoir pas assez fait sentir l'importance de la monnaie sur la production, M. Ferrier l'exagère trop. M. Malthus a tenu un juste milieu. Voici comment il s'exprime :

« Des écrivains théoriques en économie » politique, craignant de paraître atta- » cher trop d'importance au numéraire, » se sont montrés, peut-être, trop dis-

» posés à l'écarter de leurs raisonnemens. » C'est une vérité abstraite, que nous avons » besoin de denrées et non d'argent; mais » dans le fait, il n'est aucune denrée contre » laquelle il nous soit possible de vendre » tout de suite nos marchandises, qui » puisse remplacer convenablement l'a- » gent de la circulation, et qui puisse, » comme lui, nous donner les moyens » de pourvoir à la subsistance de nos » enfans, d'acheter des biens-fonds, ou » de disposer de la main-d'œuvre et des » provisions dans un ou deux ans à » venir. Sans un agent de la circulation, » il est absolument impossible de faire » des économies un peu considérables; » et les manufacturiers eux-mêmes n'a- » vanceraient que bien lentement, s'ils » étaient forcés d'accumuler en nature » tous les salaires de leurs ouvriers. » Nous ne devons donc pas nous étonner » s'ils ont plutôt besoin d'argent que » d'autres marchandises; et dans les » pays civilisés, nous pouvons être bien » sûrs que, si le fermier ou le manufac- » turier ne peut pas vendre ses produits, » de manière à en tirer un profit estimé

» en argent, son industrie se ralentira » bientôt. L'agent de la circulation remplit une fonction si importante dans » la distribution de la richesse, et dans » l'encouragement de l'industrie, qu'on » ne peut pas négliger d'y avoir égard » dans les raisonnemens, sans s'exposer » à tomber dans des erreurs. » (Tome 2, chap. 7, sect. 3.)

Dans le chapitre III, l'auteur soutient que l'argent monnayé n'est jamais que le gage, le signe de la marchandise, et non une marchandise lui-même. CH. 3.

Il essaie de prouver cela en donnant une définition du mot marchandise qui ne puisse pas convenir à l'argent monnayé. Il appelle marchandise « tout objet » susceptible d'échange qui, passant du » producteur ou du vendeur à l'individu » qui consomme, peut ou satisfaire im» médiatement un besoin, ou procurer » immédiatement une jouissance. »

Hé bien! malgré cette définition, qui n'est pas exacte, à cause du mot *immédiatement*, l'argent monnayé est encore marchandise; car il est susceptible d'échange, satisfait des besoins et procure des jouissances, aussi promptement que la plupart des objets que les hommes échangent entr'eux.

M. Ferrier ne nie pas qu'il ne soit susceptible d'échange: mais, dit-il, il ne satisfait immédiatement aucun besoin; il ne peut procurer immédiatement aucune jouissance.

Pour que l'auteur eût raison, il faudrait attacher une idée bien restreinte aux mots *besoin* et *jouissance*, et elle enlèverait à une foule d'objets la qualification de marchandise; car la plupart des matières premières ne peuvent pas, plus immédiatement que l'argent, satisfaire un besoin ou procurer une jouissance. Mais s'ils prend ces mots dans l'acception générale, comment peut-il dire que l'argent ne satisfait pas immédiatement un besoin? Il me faut payer un ouvrier, l'argent satisfait ce besoin; je veux emporter ma fortune dans un pays lointain, l'argent m'en donne à l'instant les moyens. M. Ferrier a comparé l'argent monnayé relativement à une nation, à ce que sont des métiers pour un fabricant. J'admets cette comparaison, et j'en conclus que l'argent est marchandise dans l'acception générale où ce mot s'applique aussi bien au métier, qu'à l'étoffe qu'il sert à fabriquer.

Et quant à la jouissance que procure la possession de l'argent monnayé, pourquoi M. Ferrier ne veut-il en tenir aucun compte ? L'homme qui possède pour des millions de cochenille ou d'indigo n'éprouve pas de jouissance d'un autre genre, et ces denrées ne peuvent satisfaire immédiatement aucun de ses besoins : la cochenille, l'indigo, ne seraient-ils plus des marchandises ?

Disons donc que l'argent monnayé est le gage d'une autre marchandise, comme cette marchandise est le gage de l'argent qu'elle représente : que c'est une marchandise d'après la définition même de M. Ferrier ; car il est susceptible d'échange, satisfait des besoins et procure des jouissances ; que ce qui caractérise essentiellement cette marchandise, c'est qu'elle sert à faire circuler les autres ; qu'enfin, la valeur échangeable de la monnaie est, à une même époque et dans un même lieu, une mesure exacte et commode de la valeur échangeable des autres objets.

Je ne pense pas, comme M. Ferrier, qu'il soit inutile de rechercher si l'argent est signe, mesure ou gage de la marchandise. Ces considérations apprennent à connaître les effets de l'argent, mieux que si l'on se bornait, comme il le désire, à appeler l'argent, *monnaie*, « en attachant à cette » expression l'idée d'une valeur qui facilite » à l'individu qui consomme, les moyens » de traiter avec celui qui produit. » Cette définition incomplète n'eût pas fait connaître, aussi bien que les recherches que blâme M. Ferrier, la nature de l'argent, ses effets comme agent de circulation, en un mot, ce qui le distingue des autres produits de l'industrie humaine, c'est-à-dire, des autres marchandises. C'est après avoir reconnu ce qu'il avait de commun avec elles, et le caractère particulier dont il est revêtu, qu'on peut, dans le discours ordinaire et les discussions scientifiques, lui consacrer le nom particulier de *monnaie*, et réserver celui de *marchandise* proprement dite pour les objets que l'homme consomme journellement.

Pour prouver que l'argent est plus utile que la marchandise dont il égale la valeur, M. Ferrier demande s'il peut être indifférent pour la France, d'avoir deux milliards en monnaie ou deux milliards en amadou. Il ne voit pas que cette question ne signifie rien ; car si la France avait un excédent de deux milliards en monnaie, dont elle pût se passer, et un besoin indispensable de deux milliards de marchandises quelconques, elle gagnerait à avoir celles-ci. Que si, au contraire, cette monnaie lui est plus utile que cette marchandise, alors seulement l'échange en question sera onéreux à l'Etat. Et, pour me me servir d'une comparaison qui plaît à M. Ferrier, je lui dirai qu'un fabricant, possesseur de métiers pour une valeur quelconque, ne perdrait pas à vendre ces métiers, s'ils lui étaient inutiles ; qu'il y perdrait, si ces métiers travaillaient tous, et lui donnaient de grands bénéfices que rien ne pût remplacer ; et qu'enfin, il pourrait gagner souvent à en échanger quelques-uns contre d'autres objets, si cet échange, loin de diminuer sa fabrication et ses profits, ne faisait que les accroître, sans l'exposer à aucun danger pour l'avenir.

Il en est de même du numéraire. Une nation en a-t-elle trop, elle fait bien de l'échanger contre des objets plus utiles. N'a-t-elle que ce qu'il lui faut, elle doit le garder. Elle peut cependant, dans ce dernier cas, en exporter encore utilement une partie, si le malaise momentané qui peut en résulter, doit être surpassé par les avantages résultant de la rentrée de ce numéraire et des profits qu'il aura procurés à l'Etat.

Rien jusqu'à ce jour n'ayant pu remplacer entièrement la monnaie métallique, il est évident qu'elle ruinerait le pays, si, s'écoulant continuellement à l'étranger, elle diminuait tous les jours, et à plus forte raison si elle disparaissait tout-à-fait. Mais au lieu de dire que la disparition du numéraire ruine un pays, il serait peut-être plus exact de dire que c'est parce qu'un pays se ruine, qu'il dispose chaque jour d'une moins grande quantité d'or et d'argent.

Ajoutons encore qu'un objet n'a pas nécessairement la même valeur pour tout le monde. Nous traversons le désert ; je n'ai qu'une bouteille d'eau ; mon compagnon en possède une également ; mais l'eau vaut plus pour lui que pour moi, parce qu'outre sa personne à désaltérer, il a de plus que moi à arroser une plante qu'il veut conserver.

De même le numéraire qui ne vaut, pour un individu, que telle quantité d'une marchandise quelconque, vaudra davantage pour un autre; et cet autre, c'est souvent la nation elle-même, parce qu'elle n'emploie pas seulement sa monnaie à faire des achats à l'étranger, mais encore à faciliter, dans l'intérieur, entre les nationaux, les échanges de tout genre, et à accroître, par ce moyen, la production. Tout le monde, à la vérité, jouit de cet avantage ; mais il est moins senti, moins apprécié par les individus qui s'occupent de leurs besoins présens, que par le gouvernement qui, représentant la société en masse, s'occupe du besoin général et des causes éloignées de la richesse nationale. De tout ceci on doit conclure, que l'argent ne devant pas être considéré seulement pour sa valeur intrinsèque comme marchandise, mais aussi pour son emploi comme monnaie, emploi que *rien autre* ne peut remplir aussi bien, on ne peut pas soutenir qu'il soit indifférent d'avoir de la monnaie métallique dans un pays, ou de n'en pas avoir.

M. Ferrier est tellement persuadé que des principes différens des siens, sur le rôle important que joue la monnaie, peuvent être nuisibles à la France, qu'emporté par le sentiment honorable de l'utilité publique, il attaque ses adversaires avec une chaleur qui, sans ce motif, aurait pu paraître blâmable. Il termine en disant que M. Say *a flétri* la monnaie du nom de marchandise : il voit dans cette dénomination *un déplorable abus de mots.* En quoi donc le mot marchandise serait-il flétrissant? M. Ferrier lui-même, quelques pages plus haut, n'a-t-il pas appelé marchandise *l'éloquent plaidoyer d'un Lamalle, et la représentation d'un chef-d'œuvre de Racine?*

Si M. Ferrier se trompe quelquefois dans le courant de cette discussion, il la termine très-bien par les réflexions suivantes dont tout le monde approuvera la justesse :

« Pourvu qu'un négociant remplace, » avec bénéfice, les valeurs qu'il envoie » au dehors, peu lui importe en quoi » consistent ces valeurs et de quelle ma- » nière elles rentrent ; tandis qu'il im- » porte beaucoup au pays que les va- » leurs qui rentrent, puissent donner de » l'aliment à l'industrie nationale ; et » que les valeurs exportées ne soient pas » de celles qui contribuaient à la sou- » tenir ; comme les machines, tant que » le secret de leur fabrication n'est pas » divulgué ; comme les matières pre- » mières qu'il faudrait peut-être racheter » manufacturées ; comme l'argent, enfin, » quand le pays n'en possède pas au-delà » de ce que les besoins de l'industrie en » réclament. »

Le chapitre IV traite de l'effet de CH. 4. l'abondance ou de la rareté de l'argent relativement à sa valeur. Quelques écrivains avaient posé ce principe, *que l'argent ayant d'autant plus de valeur, qu'il est plus rare, il est absolument indifférent qu'un pays commerçant en soit peu ou abondamment pourvu.* M. Ferrier en démontre facilement l'inexactitude. En effet, la valeur de l'argent, dans un pays quelconque, ne dépend pas seulement de la quantité d'argent qu'il possède; celle des autres pays y contribue aussi; et les métaux précieux, bien que susceptibles de changer de valeur en raison de leur abondance ou de leur rareté, (relativement au besoin du commerce pour les objets fabriqués dans lesquels ils entrent comme matière première, et surtout relativement au besoin de la circulation qu'ils facilitent comme monnaie) ne varient pas cependant de valeur dans la proportion exacte de leur accroissement ou de leur diminution en quantité, parce qu'ils ont une valeur d'opinion qui tient à la force de l'habitude et à l'influence des signes monnétaires.

Et lors même qu'il serait vrai que la valeur de l'argent croîtrait exactement comme sa rareté, il ne serait pas pour cela toujours indifférent à un pays d'en avoir plus ou moins qu'un autre. Car l'argent, bien que marchandise dans l'acception générale de ce mot, ne peut pas être

considéré

considéré comme une marchandise ordinaire, mais plutôt comme une machine servant aux échanges et à la production; et que, conséquemment sans considérer sa valeur, on ne peut nier que son plus ou moins d'abondance dans un pays comparativement à un autre, ne puisse avoir quelquefois une grande influence sur la production. Enfin, le pays où l'argent serait rare, se trouverait privé de la ressource de pouvoir acheter à l'étranger avec de l'argent, à moins de nuire essentiellement à son industrie, les objets dont un événement quelconque lui occasionnerait un besoin très-pressant. Je dis *un besoin très-pressant;* car je sais très-bien que, lorsqu'un gouvernement a des dépenses à faire en pays étranger, il envoie rarement de l'argent, mais des traites que le commerce lui fournit, et dont les fonds sont plus souvent faits et remboursés en marchandise qu'en monnaie.

Les personnes qui ont émis le principe que combat M. Ferrier, auraient raison, si, au lieu de parler de la diminution d'argent dans un pays, elles avaient parlé de sa diminution sur toute la terre ; car il est certain qu'avant la découverte des mines les plus fécondes, plusieurs nations étaient parvenues, dans l'antiquité, au plus haut degré de civilisation, d'industrie, de science et de richesse.

Mais si un pays seul, par une cause quelconque, la découverte d'un trésor, par exemple, voyait subitement augmenter la masse de son numéraire, peut-on mettre en doute qu'il ne se soit enrichi de toute la quantité de travail que ce surcroît d'argent lui permet de commander à l'étranger?

M. Ferrier pense que l'accroissement de la quantité d'argent due à la découverte de l'Amérique, est la principale cause du grand développement qu'a reçu l'industrie depuis le commencement du seizième siècle. Smith croit que, si l'industrie prit alors plus de développement, c'est surtout parce que ses produits eurent, dans le nouveau monde, un vaste et nouveau débouché.

L'argent peut contribuer au développement de l'industrie ; mais il faut que celle-ci ait déjà reçu, par une cause plus puissante, un mouvement d'accélération. Cette cause fut, pour l'Europe, l'abolition du régime féodal, et par suite, l'affranchissement lent, mais toujours croissant, des classes laborieuses de la société.

La découverte de l'Amérique n'aurait eu d'autres résultats que de faire baisser la valeur de l'argent, si, à la même époque, l'industrie eût été stationnaire ou décroissante. Mais elle croissait, parce que l'administration intérieure de chaque état, sa forme de gouvernement, s'améliorait dans l'intérêt de l'espèce humaine, au lieu de n'avoir pour but que de conserver le pouvoir dans quelques classes, au détriment de toutes les autres.

Cela est si vrai, que les pays, comme la Pologne, où le système féodal s'est maintenu jusqu'à nos jours ; comme l'Espagne, où la superstition remplaça avec usure les maux de la féodalité, ne participèrent point à l'accroissement de richesse et de puissance que reçurent les autres états. Et cependant les plaines de la Pologne n'avaient rien perdu de leur fertilité ; et tout l'or et l'argent de l'Amérique se rendaient en Espagne.

Si, en découvrant l'Amérique, on n'y eût trouvé aucune mine de métaux précieux, nous n'en serions pas moins arrivés, tôt ou tard, au point où nous en sommes. Car si le plus ou moins d'argent que possède un pays, comparativement à un pays voisin, peut rendre les échanges plus ou moins faciles, et conséquemment la production plus ou moins active, il n'en est pas de même quand cette rareté n'existe pas dans un seul pays, mais dans tout l'univers : elle n'a alors d'autres résultats que d'augmenter la valeur de l'argent, sans nuire à la facilité des échanges. Il est bien entendu cependant qu'il ne faudrait pas que cette rareté fût telle, que l'échange des objets de peu de valeur exigeât une division des métaux en trop petites parties.

Supposons maintenant que l'Amérique, à l'époque de sa découverte, nous eût présenté des mines mille fois plus abondantes que celles que nous y trouvâmes, croit-on que cela eût accru en rien l'industrie de l'Europe, si les gouvernemens, au lieu de s'améliorer dans l'intérêt des hommes, eussent eu au contraire une marche rétrograde vers ces temps où l'ignorance et la superstition couvraient la terre, où des seigneurs armés préféraient la force à la justice, le pillage à l'industrie, et où le peuple était assez stupide pour se ravaler au rang des bêtes de somme?

De ce que la découverte de l'Amérique aurait encore été utile à l'Europe, alors même qu'on n'y eût trouvé aucune mine de métaux précieux; ou bien de ce que ces métaux n'eussent été d'aucun avantage pour l'Europe, si celle-ci ne se fût pas trouvée dans un mouvement ascensionnel dû au perfectionnement de son organisation intérieure, on aurait tort de conclure que l'or et l'argent de l'Amérique n'ont point eu parmi nous une influence marquée sur la production.

La masse des métaux précieux existant dans l'ancien monde avant la découverte du nouveau, se trouvait distribuée très-inégalement entre les différens peuples: l'Asie était bien plus riche que l'Europe, non-seulement en produits de sa culture et de ses fabriques, mais encore en numéraire. L'exploitation des mines de l'Amérique au profit de l'Europe, rétablit l'équilibre. Les Européens purent commercer avec tous les pays de la terre; ils purent porter en Asie de l'or, de l'argent et quelques produits nationaux qui seuls n'auraient pu suffire aux échanges ni satisfaire aux frais d'expédition, et en rapporter des produits inconnus ou au moins rares jusqu'alors, qui firent naître de nouveaux goûts, de nouveaux besoins, excitèrent au travail, accrurent l'industrie, naturalisèrent sur notre sol les végétaux de l'étranger, et créèrent bientôt des fabriques rivales des siennes. Cet accroissement de production fixa, en Europe, une plus grande quantité de numéraire que celle qui y était employée précédemment; car là où la production augmente le numéraire arrive, et il s'éloigne quand elle décroît. Une plus grande quantité de numéraire détermine plus de production, et plus de production appelle plus de numéraire; tous deux sont à la fois cause et effet ; mais la production a cette supériorité marquée que le numéraire ne manquera jamais dans le pays où elle aura de l'activité ; tandis qu'un pays abondamment pourvu d'or et d'argent, et où la production serait presque nulle, pourrait, en peu de temps, arriver à la plus extrême misère.

Le chapitre suivant est intitulé : *Du prêt à intérêt.* L'auteur s'attache, contre l'opinion de quelques écrivains, à prouver que ce n'est jamais qu'en monnaie que l'on prête à intérêt ; et il a raison, en s'en tenant à l'acception que, dans le langage ordinaire, on donne à cette expression, *prêt à intérêt.* Mais, de même que le profit qui naît de la terre se nomme, *fermage*, et le profit du travail, *salaire*, il a pu paraître nécessaire de donner un nom au profit que procure un capital quelconque ; et dès-lors il était assez naturel, au lieu de chercher un mot nouveau, de se servir du mot *intérêt*, déjà consacré par l'usage, pour exprimer le profit d'un capital en numéraire. CH. 5.

Dans ce chapitre, M. Ferrier avance que les personnes qui mettent leur fortune en porte-feuille nuisent à l'agriculture et parfois aussi au commerce. Je ne comprends pas cela. Car si le propriétaire d'une terre de cent mille francs l'a vendue pour avoir ses fonds disponibles, et les placer à intérêt, il faut qu'il ait trouvé un acheteur qui eût cent mille francs : ce n'est qu'un changement d'état entre ces deux personnes. Si la terre est vendue par portion à plusieurs personnes, ou ces personnes faisaient valoir leur argent, et ceci rentre dans le cas ci-dessus, ou elles n'en tiraient aucun profit, et alors la nation gagne au marché en question; car la terre sera au moins aussi bien cultivée qu'auparavant, et de plus, cent mille francs versés dans la circulation vont activer l'industrie générale.

M. Ferrier pense que l'abondance ou la rareté de la marchandise n'influe en rien sur le taux de l'intérêt; d'autres pensent que l'abondance ou la rareté de l'argent n'y contribue pas davantage.

Il me semble que le taux de l'intérêt

dépend de l'abondance de la marchandise et de celle de la monnaie ; car là où la marchandise est abondante, on vend, à crédit, à long-terme ou à meilleur marché, ce qui donne les moyens de se passer quelque temps de numéraire, d'en emprunter moins ou avec moins de précipitation, et par conséquent à de meilleures conditions, et peut-être même de ne pas emprunter du tout, si la revente de cette marchandise, après la nouvelle main-d'œuvre qu'elle peut recevoir de l'acheteur, fournit à celui-ci des sommes suffisantes en numéraire ou en papier, pour acquitter successivement les traites qu'il a souscrites.

L'abondance de monnaie entraîne aussi la baisse de l'intérêt ; car l'abondance d'une chose en fait généralement baisser la valeur. Mais il faut s'entendre sur le sens que j'attache ici à cette expression, *abondance de marchandise*, *abondance d'argent* : j'entends par là, dans le cas particulier que nous traitons, la quantité de marchandise ou d'argent qui excède les besoins ordinaires ; car si, dans un pays, il y avait une grande quantité de marchandises et d'argent, mais que l'emploi en fût facile et recherché, l'intérêt pourrait être plus élevé que dans un pays où il y en aurait moins en totalité, mais où l'emploi en serait difficile. Il me semble donc que c'est pour n'avoir pas précisé ce qu'on entendait ici par le mot *abondance*, que l'on s'est cru encore d'opinion opposée.

Je pense, avec M. Ferrier, que l'on doit distinguer l'intérêt naturel, de l'intérêt usuraire. L'intérêt naturel est celui qui ne dépend que du plus ou moins de profit que l'emprunteur retirera du capital qu'on lui remet; l'intérêt usuraire est celui où l'on ne considère pas les profits de l'emprunteur, mais ses besoins, et où l'on exige d'autant plus de lui, que ceux-ci sont plus grands.

L'intérêt naturel sera, comme l'on voit, nécessairement variable, mais cependant renfermé dans de certaines bornes. L'intérêt usuraire n'en reconnaît aucune; il spécule sur le malheur, et il a tant de moyens de se soustraire à l'action des lois, que c'est à la religion et à l'opinion publique qu'il appartient d'en arrêter les ravages.

M. Say pense qu'aucune loi ne doit fixer le taux de l'intérêt : M. Ferrier n'est pas de cet avis. « Il suffirait, dit-» il, de statuer une fois pour toutes » que le taux de l'intérêt dans les em-» prunts entre particuliers, se réglera » chaque mois sur le cours moyen des » effets publics, et ne pourra jamais » le dépasser, et l'on évitera ainsi un » grand scandale, celui de voir les gou-» vernemens emprunter à huit ou dix » pour cent, au moment où ils pour-» suivent devant les tribunaux les par-» ticuliers qui ont prêté à sept. » Il est en effet assez bizarre de défendre une action, et d'y exciter en même temps. La loi proposée par M. Ferrier ferait disparaître cet inconvénient, mais voilà tout ; elle n'atteindrait pas plus qu'une autre le but désiré, celui de détruire l'usure ; et elle aurait le même danger, celui d'élever le taux de l'usure en raison des peines que le prêteur peut encourir s'il est découvert.

L'usure, je le répète, est un vice

dont il faut, ce me semble, laisser la répression à la morale, la punition à l'opinion publique.

C'est dans les campagnes surtout que ce mal se fait sentir, et l'on doit l'attribuer principalement à l'extrême rigueur avec laquelle se lèvent les contributions chez presque tous les peuples de la terre. Le paysan qui est dévoré par les garnisaires, et à la veille de voir vendre sa charrue, emprunte à tout prix, et souvent même de l'exacteur qui le poursuit. Peut-être y aurait-il quelques moyens de remédier à des maux si ruineux pour le pays, et si accablans pour les petits propriétaires.

CH. 6. Dans le chapitre suivant, l'auteur développe les propositions ci-après :

« L'existence d'une banque repose sur » le crédit. Deux circonstances déter- » minent particulièrement le crédit dont » peut jouir une banque : 1.° L'absence » de toute influence du gouvernement » sur ses opérations ; 2.° l'absence de » toute crainte d'invasion de la part de » l'étranger. »

« Le papier de banque est l'auxiliaire

» de la monnaie de métal; il sert le » pays, non en favorisant l'exportation » du numéraire, mais en augmentant » fictivement sa masse. »

J'admets ces diverses propositions, sauf quelques restrictions que voici : Je remarquerai d'abord que l'intervention du gouvernement doit se faire sentir très-peu, mais qu'elle n'en est pas moins indispensable, ne fût-ce que pour fixer le montant des sommes que chaque billet peut représenter. Car les besoins de la circulation ont une limite, et cette limite une fois dépassée, le numéraire qui se trouve sans emploi s'exporte nécessairement. Une émission illimitée de billets de toute valeur ferait donc sortir la plus grande partie du numéraire, si le bon sens du peuple ne le prémunissait pas contre l'emploi de ce papier, et qu'il vînt à s'en engouer ; tandis qu'en établissant, par une loi, ainsi que cela existe en France, que la moindre coupure sera de cinq cents francs, on retient dans l'intérieur du royaume tout le numéraire nécessaire à la circulation de tous les produits d'une valeur inférieure à cinq cents francs. Il semblerait, d'après la théorie, que le numéraire nécessaire à la circulation de toutes les valeurs supérieures chacune à cinq cents francs, devrait passer à l'étranger, puisque les billets de banque peuvent le remplacer; mais il n'en est pas ainsi en France, parce que ces billets n'ont cours que dans la capitale, et que des causes morales qui échappent à tous les calculs, les ont repoussés des autres places du royaume. On a cru certainement, en établissant la banque de France, que ses billets auraient cours dans tous les départemens : et cela arrivera peut-être un jour; mais le souvenir des maux que firent les assignats est encore récent; et à Paris même, sans la facilité que l'on a de transformer à chaque instant, chez les changeurs que l'on rencontre dans tous les quartiers de la ville, les billets de banque contre de l'argent, l'usage de ce papier se serait introduit difficilement.

On ne peut pas, comme paraît le croire M. Ferrier, borner l'effet du papier de banque à augmenter fictivement la masse du numéraire, et conserver celui-ci dans l'intérieur du pays, comme si le papier de banque n'eût pas été créé. La quantité d'argent qui remplissait ou qui aurait rempli tôt ou tard les fonctions d'agent de circulation que le papier a envahi sur lui, parce qu'il apporte plus de rapidité dans les échanges, cette quantité d'argent, dis-je, passe nécessairement dans le commerce comme matière première, ou s'exporte contre les denrées dont on a besoin. Cet un avantage réel pour l'Etat; et il peut même arriver que la masse d'or et d'argent qu'il possède ne soit diminuée que momentanément, et qu'elle soit remplacée promptement par les métaux précieux qui seront importés en payement d'une portion des produits plus nombreux qu'on aura fabriqués et exportés; de façon que la sortie de l'argent et sa rentrée se succéderont sans interruption. Les banques servent encore utilement le commerce en offrant, en quelque sorte, aux négocians, par l'escompte de leurs lettres de change, des prêteurs au moment de leurs besoins, et des prêteurs qui, en se contentant d'un gain modique, parce qu'il est souvent répété, font baisser le taux de l'intérêt, et lui donnent de l'uniformité. Mais tous ces avantages s'achètent par de grands dangers; car on est naturellement tenté d'en profiter, ou plus exactement d'en abuser. Pour cela, on remplacera chaque jour plus de numéraire par plus de billets; on aura les yeux fascinés par la prospérité momentanée du commerce, et l'on ira ainsi jusqu'à ce que quelque grande catastrophe apprenne à la nation qu'une marche plus lente dans une bonne route aurait mieux valu qu'une marche rapide au milieu des précipices.

Une nation peut être souvent obligée d'ajouter à ses ressources celles que lui présente le papier de banque; mais ne cessons de répéter qu'il faut en user avec la plus grande modération, et qu'il peut résulter, pour toutes les classes de la société, gêne, ruine et malheur, lorsqu'on introduit comme mesure de tous les produits une monnaie qui, par les grandes variations qu'elle peut éprouver en peu de temps, est privée de la qualité qui

qui constitue essentiellement une bonne monnaie, celle de varier si insensiblement que sa valeur soit la meilleure mésure des autres valeurs. Ce caractère appartient à la monnaie métallique : le papier l'emporte sur elle pour la facilité des transports, la promptitude des payemens ; mais cette supériorité ajoutée même aux avantages qui résultent de l'accroissement des moyens d'échange et de la quantité d'argent devenue libre, ne peut balancer les inconvéniens que nous venons d'indiquer.

Smith remarque que « les opérations » d'une banque sage, en substituant du » papier à la place d'une grande partie » de l'or et de l'argent, donne les moyens » de convertir une grande partie de ce » fonds mort en un fonds actif et productif. » M. Ferrier trouve une pareille opération dangereuse, et elle l'est en effet, quand elle n'est pas resserrée dans les limites que j'ai indiquées ci-dessus ; mais il ne blâmerait pas autant Smith, s'il faisait attention que celui-ci ne veut qu'indiquer les avantages du papier de banque, dont il compte plus tard faire voir les désavantages. En effet, il ajoute bientôt : « Il faut pourtant convenir que » si le commerce et l'industrie d'un pays » peuvent s'élever de quelque chose à » l'aide du papier-monnaie (1), néan- » moins ainsi suspendus, pour ainsi dire, » sur ces ailes d'Icare, ils ne sont pas » tout-à-fait aussi assurés dans leur » marche, que quand ils portent sur » le terrain solide de l'or et de l'argent. » Outre les accidens auxquels les expo- » sent les impéritíes des directeurs de » ce papier-monnaie, ils sont encore » sujets à en essuyer plusieurs autres » dont la prudence ou l'habileté de ces » directeurs ne saurait les garantir.

» Par exemple, une guerre malheu- » reuse dans laquelle l'ennemi se rendrait » maître de la capitale, et par consé- » quent de ce trésor qui soutenait le » crédit du papier-monnaie, occasion- » nerait de bien plus grands désordres » dans un pays où toute la circulation

(1) Papier-monnaie, ne veut pas dire ici un papier ayant un cours forcé en vertu d'une loi, mais des billets de banque échangeables à volonté contre de l'argent.

» serait établie sur du papier, que dans » un pays où la plus grande partie le » serait sur l'or et l'argent. L'instru- » ment habituel du commerce ayant » perdu sa valeur, on ne pourrait plus » faire d'échange que par troc ou à » crédit. Tous les impôts ayant été payés » habituellement en papier, le prince » n'aurait plus de fonds pour payer ses » troupes ni pour approvisionner ses » magasins, et le pays se trouverait dans » une situation bien plus désespérée que » si la plus grande partie de sa circula- » tion eût consisté en or et en argent. » Un prince jaloux de maintenir, dans » tous les temps, ses états dans la po- » sition où il peut le plus facilement » les défendre, doit sous ce point de » vue, les tenir en garde, non-seulement » contre cette multiplication excessive » de papier-monnaie, qui est funeste » même aux banques qui l'ont produite, » mais même contre ce degré de multi- » plication qui les met à même de rem- » plir en papier la majeure partie de » la circulation du pays. » (Richesse des nations, liv. 2, ch. 2.)

Ailleurs, il remarque qu'il faut que les billets de banque représentent d'assez fortes sommes pour ne pouvoir servir qu'aux transactions entre commerçans, parce qu'alors ils ne chassent point l'or et l'argent; ce qui arrive, et ce qu'il regarde comme un mal, quand, représentant de très-faibles sommes, ils remplacent la monnaie dans les rapports des commerçans aux consommateurs. Enfin, il veut que le papier de banque puisse être échangé, sans perte et à chaque instant, contre de la monnaie d'or et d'argent. M. Ferrier ne dit guère autre chose, et il se trouve ainsi bien moins différer d'opinion qu'il ne le croit avec l'auteur qu'il combat.

EXAMEN

DU LIVRE TROISIÈME,

INTITULÉ :

DU COMMERCE.

Le chapitre premier a pour titre : *Des capitaux et de la consommation.* CH. I.

L'origine des capitaux est aisée à reconnaître : ils furent formés et le sont encore par l'accumulation des revenus.

Le premier revenu fut celui que l'homme recueillit, pour son usage journalier, parmi les substances que la terre fournit naturellement. Ce revenu augmenté et accumulé forma un capital : il se composa d'abord de grains, d'outils et d'animaux devenus domestiques. Ce capital appliqué à la culture de la terre la fit produire avec plus d'abondance, et une partie de ce surcroît de produit étant due au capital, celui-ci continua de s'accroître du travail de l'homme, des profits de la terre et de ses propres profits.

Avec ce capital, on entretint des ouvriers; on éleva des fabriques, des usines; on modifia, on élabora les produits bruts de la terre; on les employa à satisfaire tous les besoins, tous les goûts de l'homme.

Ces fabriques, ces usines, ces marchandises firent partie du capital; et ce capital, en se consommant, se reproduisit avec bénéfice, et alla sans cesse en s'augmentant, tant que la consommation improductive n'absorba pas la totalité des bénéfices.

Telle fut la naissance des capitaux et leur marche progressive.

« Dans le principe des sociétés, dit » M. Ferrier, l'accumulation des capi» taux s'effectuait en nature; tandis » que depuis l'introduction de la mon» naie, c'est toujours en monnaie que » l'accumulation s'est faite. »

Pourquoi en monnaie? Le berger qui, par ses soins et son économie, voit son troupeau s'accroître, n'augmente-t-il pas son capital?

L'erreur de M. Ferrier vient, je crois, de ce qu'il s'exagère presque toujours les services que rend l'argent; il l'appelle le capital par excellence; il croit qu'aucun échange ne se fait sans son intervention réelle, que le négociant qui vend pour cent mille écus de draps touche cent mille écus métalliques, et remet ensuite des écus pour acheter des laines. Il ne songe pas que, si l'évaluation des valeurs se fait en argent, c'est souvent d'une manière fictive que la monnaie figure dans les achats de quelqu'importance, et que des échanges de plusieurs millions ont lieu sans qu'un écu, monnaie métallique, passe d'un pays dans un autre, si ce n'est pour régler quelques appoints (1).

M. Say avait dit, en parlant d'une foule de meubles d'argent qui furent envoyés à la monnaie sous Louis XIV : « Le capital nécessaire à la circulation, » c'est-à-dire, le capital réellement pro-

---

(1) Voyez ce que nous avons dit à ce sujet lors de l'examen du livre premier, chap. 4.

» ductif de la nation fut augmenté de
» toute la valeur intrinsèque de l'argent.»
M. Ferrier en conclut qu'aux yeux de M. Say, l'argent *est le capital réellement productif de la nation;* tandis que, d'après tout ce qu'avait dit M. Say sur ce qu'il entendait par capital *productif*, savoir: les outils, les matières premières, les machines, la monnaie, etc., il était tout simple qu'il dit que l'argent, provenant de la fonte des meubles, venait s'ajouter à ce capital; ce qui, certes, ne veut pas dire que ce capital fût en argent.

Ailleurs, M. Say avait dit que des billets de confiance, en servant à la circulation, dispensaient d'employer à cette circulation *des capitaux véritables, de l'argent.* M. Ferrier en conclut encore que, selon M. Say, *l'argent est le capital véritable;* et il est si satisfait de l'idée que M. Say a pu dire cela, qu'il le répète en plusieurs endroits; tandis que la phrase de M. Say signifie simplement, qu'en se servant uniquement d'argent au lieu de billets, on emploierait plus de capitaux véritables, parce que l'argent en fait partie, selon M. Say et selon tout le monde, sans être pour cela le *capital véritable*, comme le dit M. Ferrier.

M. Ferrier ne me semble pas plus heureux, lorsqu'il s'attache à combattre ce principe de Smith, « que les capitaux » augmentent par l'économie, diminuent » par la *prodigalité*, et qu'en consé- » quence l'économie enrichit les nations.»

« Admettez, dit M. Ferrier, que tous » les gens économes deviennent pro- » digues, il n'y aura plus de produc- » tions; admettez que tous les gens pro- » digues deviennent économes, *il n'y » aura plus de consommation* : l'effet » sera le même. »

Oui, l'effet serait le même, si, les prodigues devenant économes, *il n'y avait plus de consommation*. Mais il y en aura toujours; car des gens si économes qu'ils soient, ont besoin de consommer pour vivre; tandis que tous les économes, devenant prodigues, rien n'étant plus créé, il faudra qu'on meure de faim, de froid, etc.

M. Ferrier, d'ailleurs, en parlant des producteurs et des consommateurs d'un pays, raisonne comme s'ils formaient une nation isolée du genre humain, et n'ayant plus ni terre à défricher ou à améliorer, ni nouveaux produits à créer ou à perfectionner, ni augmentation de population à espérer. Mais il n'en est ainsi chez aucun peuple de l'Europe : chez tous une sage économie aura pour résultat de répandre plus d'aisance dans toutes les classes de la société, et d'accroître la population ; car l'espèce humaine, comme toute autre race d'animaux, se multipliera toujours là où elle pourra se procurer de quoi vivre (1). L'économie aura pour résultat l'augmentation des capitaux et une production toujours croissante qui sera encouragée,

---

(1) Je dis que les hommes se multiplient dans les lieux *où ils peuvent* se procurer de quoi vivre et non où il y aurait production suffisante de denrées pour les nourrir ; parce qu'en tout pays les richesses se répartissent nécessairement d'une manière inégale entre les habitans, et qu'ordinairement chacun d'eux s'occupe à augmenter ses revenus sans s'inquiéter de l'accroissement ou de la diminution de population qui peut en résulter.

non par la prodigalité de quelques individus, mais par les besoins d'un grand nombre et par la consommation des pays voisins, avec lesquels on aura plus de moyens d'échanges en économisant sagement qu'en dépensant inutilement. Si donc l'on regarde comme un avantage pour un pays, de voir sa population s'augmenter, ses terres se défricher, ses richesses s'accroître, l'économie est une chose utile à ce pays, comme elle l'est à un individu pris isolément.

Il ne faut pas en conclure, pour cela, que le même genre d'économie qui enrichit les partituliers enrichit aussi l'état. Ce qu'on doit entendre par économie pour une nation, c'est une consommation utile à un certain nombre d'individus, substituée à la consommation inutile d'un moins grand nombre de personnes.

Dans la supposition même où l'on pourrait admettre, pour défendre l'opinion de M. Ferrier, qu'un pays peut ne pas commercer avec ses voisins, n'avoir point de terre à défricher, point d'industrie à créer ou à perfectionner, et qu'il peut regarder comme un malheur l'accroissement de sa population, en ce pays-là, dis-je, une société de gens tous économes pourrait cependant vivre encore, tandis que des gens tout-à-fait prodigues y diminueraient de nombre, et y mourraient bientôt de misère. Ainsi en poussant les choses à l'extrême de part et d'autres, une nation entièrement composée de gens économes peut subsister, et une nation de prodigues ne le peut pas.

Mais c'est encore mal entendre Smith, que de lui faire dire qu'une nation peut n'être composée que de gens économes. Il engage une nation à être laborieuse et économe, parce qu'il sait qu'il n'y aura que trop de prodigues chez elle ; que l'essentiel est qu'elle l'emporte en économie et en travail sur les nations voisines, pour qu'elle soit plus qu'elles, riche, peuplée, etc.

M. Ferrier élève ensuite sur les mots *improductif* et *sterile* une discussion qui n'est pas fondée. M. Say appelle consommation improductive celle dont le seul but est la jouissance attachée à la satisfaction d'un besoin. (liv. 5, ch. 2.) M. Ferrier dit qu'on ne doit pas la nommer ainsi, parce qu'elle est *productive d'utilité ou d'agrément pour celui qui la fait, et toujours d'utilité pour celui qui a créé l'objet consommé.* Mais M. Say ne dit pas autre chose.

Les consommations improductives sont en général utiles, nécessaires ; elles procurent des sensations que les hommes doivent rechercher. Ce mot improductif ne signifie donc ici qu'improductif d'objets matériels. Il suffit de s'en souvenir, et alors toute discussion là-dessus ne serait plus qu'une dispute de mots.

M. Ferrier ajoute ensuite « que l'éco» nomie politique oublie trop que l'homme
» agent de la production en est aussi la
» fin; *qu'il faut qu'il jouisse, c'est-à-dire*
» *qu'il consomme*...... Il n'y a donc *au-*
» *cune sorte de consommation* qu'on doive
» chercher à décourager, hormis celles
» qui seraient contraires à la morale ou
» qui tendraient à fournir de l'aliment
» à l'industrie étrangère. »

Il semblerait, d'après cela, qu'il n'est d'autre jouissance pour l'homme que celle de détruire les objets qu'il a produits, et qu'ainsi, plus on détruit, plus on jouit. Pour un buveur, à la vérité, la plus grande jouissance est de boire au-delà des besoins ordinaires. Quelques jeunes femmes peuvent désirer chaque jour une parure nouvelle, et trouver du plaisir à la jeter au feu le lendemain; et je dirai même que, pour tout le monde, consommer c'est jouir. Mais je dirai, en même temps, qu'il est d'autres jouissances, et que les hommes en général en trouvent de plus vives à créer qu'à détruire, et à économiser qu'à consommer outre mesure. Tel homme qui a plus de terres qu'il n'en a besoin, peut rouver un grand plaisir à faire défricher des terrains incultes, dessécher des marais et à améliorer le sort de ses semblables, en leur procurant, par ses économies, plus de moyens d'existence. En quoi un homme qui achèterait de la faïence pour le plaisir de la briser, serait-il utile à son pays(1)? Au moment

(1) Cet exemple peut paraître forcé et il l'est en effet. Mais si l'on ne trouve pas beaucoup de gens qui se plaisent à briser une espèce de produit de préférence à tout autre, combien n'en voit-on pas qui, par ostentation, détruisent sans

où il la brise, son pays devient moins riche de toute la valeur qu'elle avait. Si, au contraire, il la donne à des gens qui ne peuvent pas en acheter, ou qu'il l'échange contre d'autres marchandises, ou contre des services qu'on lui rendra, il répartit son superflu d'une manière utile, et il n'en fait pas moins travailler le fabricant de faïence que lorsqu'il n'en prenait chez lui que pour la briser. Je dis même que le fabricant de faïence y gagnera; car sa marchandise répandue en plus de mains sera plus connue; beaucoup de personnes qui ne s'en servaient pas voudront en avoir; elles travailleront davantage pour avoir le moyen d'en acheter, etc. Mais, dira-t-on, si, au lieu d'acheter de la faïence pour la casser,

---

nécessité une quantité considérable de produits différens, ou qui, par simple négligence, laissent gâter une foule d'objets utiles. Si les objets que l'on gaspille sans en retirer aucune espèce de jouissance ni morale ni physique, étaient donnés aux malheureux, les riches y gagneraient du plaisir, les pauvres de l'aisance, et la consommation générale n'en serait pas diminuée pour cela.

j'eusse gardé mes écus pour les enfouir en terre, et les enlever à jamais à la circulation, n'eussé-je pas nui encore davantage à mon pays? Certainement vous lui eussiez nui davantage; car enfin votre manie de casser de la faïence fait au moins vivre plusieurs ouvriers que vous admettez ainsi au partage de votre fortune. De son côté, celui qui garderait ses écus dans ses coffres pour ses héritiers, ferait mieux que celui qui jetterait une partie de son *revenu* à la mer; et celui-ci, à son tour, ferait mieux que ceux qui, n'importe de quelle manière, détruiraient *leurs capitaux* (1). Car les capitaux détruits, les personnes qu'ils faisaient vivre meurent de faim; tandis que l'avare, quelque peu qu'il dépense, soutient toujours l'existence de quelqu'un, ne fût-ce que la sienne, et

(1) Je dis *détruire*, parce qu'on peut *perdre* ses capitaux sans que l'état en souffre; ainsi, je possède un moulin, je le perds au jeu, et l'État n'y perd rien, si le nouveau possesseur le reçoit sans aucune détérioration, et que ma perte ne nuisant qu'à moi seul, il me reste encore de quoi vivre.

ses

ses héritiers utiliseront un jour les fonds qu'il rend momentanément oisifs. Mais de ce qu'on peut faire plus mal que vous, cela ne veut pas dire que vous fassiez bien. Une action n'est pas bonne, par cela seul qu'on peut en commettre de plus mauvaises. En définitive, il est des consommations plus ou moins utiles, plus ou moins nuisibles, et il faut choisir celles qui sont utiles au plus grand nombre de nos concitoyens. Ainsi, M. Ferrier se trompe, lorsqu'il ajoute : « La richesse » n'est que la faculté de dépenser et de » consommer : ne proscrivez donc pas » la consommation. » Cette conclusion n'est pas exacte. Pour conserver la *faculté* de dépenser et de consommer, il ne suffit pas de dépenser et de consommer : il faut le faire de manière à se conserver la faculté de produire ou de faire produire autant qu'on a consommé ; et il faut encore en ceci agir de la manière la plus utile possible pour la société à laquelle on appartient. Car dès que nous vivons en société, nous ne pouvons pas isoler ce qui nous convient de ce qui convient aux autres.

C'est comme si l'on disait : le bonheur consiste à faire ce qui nous est agréable, donc il faut que les hommes fassent ce qui leur plaît. Cependant parmi les actions qui peuvent plaire à certains hommes, il en est qui sont punies comme attentatoires aux droits des autres membres de la société, ou flétries des noms de dureté, d'égoïsme, quand, sans faire un mal immédiat, elles en font d'indirect. Il en est de même des gens qui consomment d'une manière utile ou inutile : les uns sont appelés des gens raisonnables, et la société punit les autres en leur imprimant les noms de prodigues, de dissipateurs. M. Ferrier convient, à la vérité, qu'il y a des consommations nuisibles : ce sont celles, dit-il, qui coûtent des capitaux. Cette définition est insuffisante; car elle supposerait qu'une nation peut consommer ses revenus, n'importe de quelle manière, pourvu qu'elle ne touche pas à ses capitaux; tandis qu'elle peut manger chaque année ses revenus, de manière à accroître ou à diminuer l'aisance des habitans.

Un exemple éclaircira ceci. Supposons qu'une île soit occupée par la famille d'un fabricant d'étoffes et par celle d'un laboureur. Le laboureur, avec les semailles qu'il a, et les avances de tout genre qu'il possède, ne peut défricher que quelques arpens de terre; il récolte trente sacs de blé; il en consomme vingt, et il en donne dix au fabricant d'étoffes dont je suppose la famille moitié moins nombreuse; le fabricant lui donne en retour soixante aunes d'étoffes; car celui-ci, de son côté, en a fabriqué trois fois plus qu'il n'était nécessaire pour lui et ses enfans.

Supposons qu'au lieu d'économiser dix sacs de blé, le laboureur en eût consommé au-delà de ses besoins, de manière à n'avoir presque rien à donner au fabricant. Celui-ci serait forcé de se réfugier ailleurs avec sa famille, ou bien d'échanger ses étoffes contre des blés étrangers, ou enfin, à défaut de ces deux moyens, il traînerait dans l'île une vie misérable, et le laboureur, dans tous les cas, souffrirait les maux qui sont la suite d'un manque presque absolu de vêtement. Les habitans de l'île seraient donc plus malheureux que précédemment, par suite des profusions du laboureur. Le mal serait plus grand si le fabricant tombait en même temps dans un excès semblable; s'il consommait, par exemple, pour son usage, presque toutes les étoffes qu'il fabrique. La production générale aurait cependant été la même que l'année précédente, quand les habitans vivaient dans l'aisance; et les voilà, par une consommation égale, mais mal entendue, au moment de voir tarir les sources de la production.

Et si, au lieu de consommer seulement leurs revenus, le laboureur et le fabricant eussent, dès le principe de leur établissement, entamé leur capitaux, leur ruine eût encore été plus prompte.

Supposons maintenant qu'au lieu de consommer presque toutes ses denrées, ou de n'économiser que dix sacs de blé, le laboureur, en économisant et travaillant davantage, mette en réserve douze sacs de blé, et que portant le même soin sur ses vêtemens, il n'ait plus besoin que de quarante-huit aunes d'étoffes; tandis que le fabricant agissant avec le même esprit d'ordre, aurait soixante et douze aunes à lui vendre, au lieu de soixante qu'il avait livrées l'autre année, et ne voudrait cependant que huit sacs de blé, au lieu de dix qu'il avait pris précédemment. Il restera alors au laboureur quatre sacs de blé, et au fabricant vingt-quatre aunes d'étoffes; et si le commerce étranger ne vient pas à leur secours, ils se seront gênés l'un et l'autre par leur économie et leur surcroît de travail, sans en retirer aucun avantage; tandis que s'ils eussent augmenté leur consommation en raison de leur production, le fabricant eût été mieux nourri et le laboureur mieux vêtu.

Mais si, pour employer les quatre sacs de blé qui lui restent, le laboureur fait venir quelqu'ouvrier; ayant plus de bras et plus de semailles, il défrichera plus de terrain; il jouira bientôt de plus d'aisance, et sa famille s'accroîtra avec les moyens de la nourrir; le fabricant trouvera dans cet accroissement de population non-seulement de quoi placer les anciens produits de sa fabrication, mais il sera encore obligé d'augmenter le nombre de ses ouvriers, et le pays croîtra en population et en richesse.

L'île ne contient-elle plus ni terres à défricher ni à améliorer, et ses habitans ne peuvent-ils commercer, dans l'intérêt de leurs besoins, avec aucun autre peuple, l'accroissement de population auquel donneraient lieu les économies que le laboureur et le tisserand continueraient de faire, n'aurait d'autre résultat que de diminuer l'aisance des habitans.

Si enfin un des fils du fabricant d'étoffes, se séparant de son père, établissait une fabrique semblable, et que de cette concurrence, il résultât une baisse dans le prix des étoffes, le laboureur s'habillerait à meilleur marché; et s'il ne consommait pas cependant plus d'étoffes que précédemment, et que les pays étrangers ne présentassent aucun débouché, les fabricans seraient plus malheureux pour avoir produit davantage, et leur misère pourrait devenir telle qu'ils n'eussent plus les moyens d'acheter leur nourriture. Il n'en serait pas de même si c'était les blés dont on eût accru la production annuelle et diminué la valeur échangeable; car si les fabricans n'en achètent pas davantage, les laboureurs n'en éprouveront d'autre gêne que d'être moins bien vêtus, mais ils ne mourront jamais de faim ; et quelques-uns d'entr'eux se trouvant approvisionnés de denrées nutritives, pourront se livrer à la fabrication des étoffes, de sorte que l'équilibre sera bientôt rétabli.

Concluons de cet exemple et des différentes suppositions auxquelles il a donné lieu :

1.° Que l'aisance peut croître ou décroître, suivant que la consommation des revenus aura été faite d'une manière plus ou moins utile à la société.

2.° Que si la consommation entame les capitaux, le pays déchoit rapidement.

3.° Que, lorsque tous les individus diminuent leur consommation, ils éprouvent des privations momentanées qui peuvent les mettre à même de dépenser un jour au-delà de ce qu'ils dépensaient avant ces privations, si celles-ci ont servi à accroître leurs capitaux productifs ; mais si l'excédent des produits reste sans emploi, il y a gêne et souffrance dans l'état, jusqu'au moment où l'équilibre sera rétabli entre la production et l'emploi de produits.

4.° Que lorsque les consommations individuelles augmentent en raison de l'accroissement de la production, la population reste stationnaire, mais satisfait mieux à tous ses besoins : l'État n'est pas plus peuplé, mais il est plus riche.

5.° Que l'économie peut faire croître la population, la consommation et la production.

6.° Que l'économie et le surcroît de population qu'elle peut faire naître, sont un mal quand il n'en résulte pas une augmentation de produits.

7.° Qu'il est des circonstances cependant où l'abondance de quelques produits cause la pauvreté des producteurs ; mais que ce mal est peu de chose et dure peu, quand le surcroît de production consiste, non en produit des manufactures, étoffes, meubles, etc., mais en denrées nutritives.

Les États de l'Europe ne sont pas entièrement isolés les uns des autres ; ils peuvent échanger entr'eux quelques-unes de leurs productions ; et il en est peu où il n'y ait encore des terres à défricher ou à améliorer, de nouvelles cultures à introduire, de nouvelles fabriques à élever, et une population à rendre plus heureuse en répandant plus d'aisance dans les dernières classes de la société.

Pour y parvenir, il faut donc, à des consommations peu utiles, en substituer de plus avantageuses, c'est-à-dire substituer aux jouissances désordonnées de quelques individus, les jouissances modérées d'un plus grand nombre. Quand un homme crève des chevaux à la chasse et ravage ses propres moissons, il s'amuse, sans doute, mais il appauvrit l'Etat de tout ce qu'il produirait de richesse à lui-même, et d'aisance à la classe nombreuse des pauvres paysans, s'il leur faisait, je ne dis pas même le don des moissons qu'il gâte, des chevaux qu'il tue, des denrées qu'il gaspille, mais le prêt de ces objets à des conditions avantageuses aux emprunteurs; et j'ajouterai que le riche alors trouve bientôt, dans le bonheur qu'il répand autour de lui, des jouissances bien supérieures à celles que lui procurait le mauvais emploi de sa fortune. C'est par la simplicité, et non par le luxe de leurs cours, que les bons rois enrichissent leurs sujets.

Nous avons prouvé, je crois, qu'un pays est dans l'aisance, non lorsque chaque habitant produit beaucoup, mais lorsque chacun produit, 1.° de quoi remplacer ses capitaux ; 2.° de quoi satisfaire tous ses besoins, tous ses goûts, soit directement, soit au moyen d'échanges. Cette dernière partie, excédant la rentrée des capitaux, forme *le revenu.* Nous ne répéterons pas ce que nous avons dit ailleurs sur ce qu'on doit entendre par ce mot ; nous ferons observer seulement que tout individu peut consommer improductivement son revenu, sans altérer sa fortune. Il pourrait sembler, au premier abord, que le revenu de quelques personnes se formant du capital de quelques autres, la consommation improductive d'un revenu pourrait être aussi celle d'un capital ; mais on aperçoit bien vîte qu'un capital ne devient revenu qu'après avoir été remplacé par un capital au moins équivalent.

Pour que les capitaux et les revenus ne diminuent pas, il faut consommer reproductivement les capitaux. Tant que le revenu n'est pas consommé improductivement, il augmente le capital, et cette augmentation peut être définitive ou momentanée. Quand un ouvrier, par exemple, a reçu pour sa journée trois francs, ces trois francs composent son revenu ; ce revenu devient aussitôt son capital, s'il le conserve ; c'est encore un capital, s'il l'emploie à acheter du pain ; et ce pain, tant qu'il peut l'échanger contre un autre produit matériel, est encore pour lui un capital qui remplace celui qu'il avait précédemment. Mais aussitôt qu'il mange ce pain ou qu'il le donne en échange d'un produit immatériel, le capital en question disparaît, et il a eu l'emploi que lui donnait sa qualité de revenu, qualité qui consiste à pouvoir être dépensé improductivement sans altérer le capital principal, ou la terre, ou l'industrie, qui l'a fait naître.

Supposons maintenant que j'aie cent quintaux de farine ; j'en donne deux à un ouvrier, et il me donne en échange son travail, en manipulant pour moi les quatre-vingt-dix-huit quintaux de farine qui me restent, et dont il forme cent quarante quintaux de pain. Six quintaux de pain servent à payer la location des bâtimens, le bois de chauffage, etc. Il me reste net cent trente-quatre quintaux de pain, que j'échange contre cent dix quintaux de farine, et ainsi de suite. On voit que mon premier capital a été en entier consommé reproductivement par moi; qu'une partie est devenue le revenu de l'ouvrier, et a pu être consommée improductivement par lui, et que l'autre partie m'est rentrée, augmentée d'une main-d'œuvre qui élève sa valeur échangeable à celle d'une quantité de farine plus considérable que celle que j'avais en commençant mon opération, excédant qui forme mon revenu. La main-d'œuvre que l'ouvrier a donnée à la farine pour en faire du pain, a servi, non toute seule, mais avec mon capital, à former le revenu de l'ouvrier et le mien; et bien que cette main-d'œuvre, considérée d'une manière abstraite, soit une chose immatérielle, ainsi que le changement de forme auquel mon capital s'est prêté, et le service qu'il a rendu, il n'en est pas moins vrai que les résultats des services productifs de l'ouvrier et du capital, sont des produits matériels, savoir : deux quintaux de farine que l'ouvrier a reçus en salaire, et dix quintaux que j'ai de plus, comme profit de mon capital et salaire de ma propre industrie. C'est ainsi que s'explique très-naturellement, sans aucune considération métaphysique, de quelle manière une portion des capitaux peut être consommée deux fois, savoir : reproductivement par le capitaliste, et improductivement par l'homme industrieux. Je dis sans aucune considération métaphysique ; car je n'ai parlé de l'immatérialité des services rendus par les ouvriers et les capitaux, que pour faire voir, contre l'opinion d'un homme justement célèbre par ses profondes connaissances en économie politique, que même en admettant l'immatérialité en question, nos capitaux et nos revenus n'en étaient pas moins matériels.

Les hommes, en cherchant à augmenter leurs revenus et leurs capitaux, se sont quelquefois trompés, et quelques portions de la société en ont souffert cruellement. On a vu dans quelques pays tel genre de produits être fabriqué bien au-delà de tous les besoins des nations commerçantes. L'encombrement des produits a fait tomber les fabriques; les ouvriers qui, dans certaines professions, s'étaient trop multipliés, se sont trouvés nécessairement réduits à la misère, excepté ceux seulement qui, propres à une autre industrie, ont pu passer d'un travail à un autre, sans interruption; double condition presque toujours impossible à rencontrer. Mais entre le mal qui naît d'un excès de travail et d'une surabondance de quelques produits, et celui qui prend sa source dans la paresse et l'absence des produits, il y a cette grande différence, que le premier dure bien moins, parce que le travail et la production rentrent assez promptement dans les limites de la consommation; tandis qu'il faut bien du temps ou des circonstances bien extraordinaires pour faire passer un peuple de l'oisiveté au travail, de l'engourdissement à l'activité. L'homme qui va trop vite peut ralentir son pas; celui qui va trop doucement ne peut pas toujours hâter le sien.

M. Ferrier termine ce chapitre par une longue note, dans laquelle il s'attache à combattre corps à corps M. Say. Examinons si ces observations sont toujours fondées. Il relève d'abord cette assertion de M. Say, *que les besoins s'élèvent toujours en raison des quantités produites.* (deuxième lettre à M. Malthus.)

Il me semble que M. Ferrier n'en a pas bien saisi le sens, puisqu'il dit que si un chapelier remplissait de chapeaux tous les étages de sa maison, il n'en vendrait pas cependant un de plus. Personne n'a prétendu le contraire, si le prix des chapeaux n'était pas diminué. Mais si ce chapelier, sans accroître ses dépenses, faisait un plus grand nombre de chapeaux, n'est-il pas vrai que, pouvant les vendre à meilleur marché, on lui en achèterait davantage. En général, le bas prix d'une marchandise la popularise, si je puis m'exprimer ainsi, et augmente la consommation. Supposons cependant, pour donner à l'objection de M. Ferrier toute la force dont elle est susceptible, que la diminution des prix n'augmente pas toujours la consommation, parce qu'il existerait quelques objets que l'on ne pourrait pas consommer en plus grande quantité que de coutume, quel qu'en soit le prix (1); l'économie que leur diminution de valeur procurerait aux consommateurs, tournerait encore à l'avantage, sinon des producteurs de ces espèces de marchandises, du moins à celui de la masse des producteurs en tout genre. Car les quantités économisées par les consommateurs, sont des produits qu'ils doivent chercher à employer, c'est-à-dire, à échanger contre d'autres produits qu'il faudra multiplier ou même créer. Au surplus, M. Say parle moins de l'augmentation en quantité de telle ou telle denrée, que de la masse générale de

---

(1) M. Ferrier, liv. 1.er, chap. 7, cite les manteaux de cour, les épaulettes des généraux, les décorations civiles et militaires, etc.

tous

tous les produits que l'homme peut créer. Or, on ne peut nier que plus l'homme appropriera d'objets à son usage, plus les échanges seront faciles, seront nombreux, et plus le genre humain sera riche. Ce qui n'empêche pas que quelques individus ne puissent se ruiner en fabriquant quelques espèces particulières de marchandises au-delà des besoins du moment, ou en les fabriquant trop chèrement, faute d'économie, faute d'industrie, ou par suite d'impôts excessifs auxquels la classe des producteurs serait soumise pour l'entretien d'une classe trop nombreuse de non producteurs.

M. Say en avançant ailleurs, « que » dans le cas où les consommateurs im» productifs viendraient à disparaître, » il n'y aurait pas pour un sou de dé» bouchés fermés », n'a pas prétendu, comme le suppose M. Ferrier, *que si l'on n'achetait plus de carrosses, on en fabriquerait toujours autant*, mais bien que l'État n'y perdrait pas. En effet, dans le pays où un petit nombre de personnes auront des fortunes colossales, des traitemens énormes, elles pourront bien exiger pour leur luxe quelques ouvrages très-difficiles à fabriquer, qui occuperont quelques ouvriers ; mais ces ouvriers vivraient peut-être encore mieux, et l'Etat certainement en retirerait plus d'avantage, s'ils étaient employés à des travaux utiles à un plus grand nombre de gens à fortune médiocre, gens qui ne peuvent vivre dans l'oisiveté, et dont la consommation augmentera en raison de la diminution des impôts. En général, la division des fortunes distribue le bonheur dans toutes les classes de la société, et moins il y aura d'impôts et de consommateurs improductifs, plus les travailleurs auront de bénéfices et de jouissances ; on fera moins de carrosses, c'est possible, mais aussi on fera plus de charrues, plus de granges, plus de maisons, et moins de gens iront pieds nus. Dire, comme certains écrivains, qu'il est utile que les salariés de l'Etat aient de forts traitemens, non pas seulement en raison de l'importance de leurs fonctions, mais afin de pouvoir, par leur luxe, soutenir quelques fabriques ; c'est dire qu'il peut être utile aux producteurs de se voir enlever une partie de leurs produits pour donner à quelques individus les moyens de leur acheter ce qu'on leur laisse. Une pareille thèse estelle soutenable ?

M. Say, dans sa seconde lettre à M. Malthus, s'exprime ainsi : « Lors» qu'une entreprise commence avec un » capital de cent mille francs, il suffit » que le produit qui en sort vaille cent » mille francs, pour qu'elle puisse re» commencer ses opérations. » M. Ferrier s'attachant à cette seule phrase, sans examiner celle qui la suit, dit qu'il y a là *méprise manifeste*. Il aurait vu, en continuant de lire quelques lignes de plus, que M. Say comprend, dans les cent mille francs dépensés par l'entreprise, les profits de l'entrepreneur, le salaire de son industrie. Or, il est évident que cet homme continuera la même entreprise tant qu'il ne pourra pas espérer plus de bénéfice d'une autre spéculation.

Ce qu'on peut dire seulement, c'est que ce bénéfice de l'entrepreneur que M. Say regarde ici comme un salaire, pourrait, avec plus de raison, je crois, être divisé en deux parties, l'une représentant l'intérêt du capital, l'autre le salaire proprement dit.

M. Ferrier, à son tour, me paraît avoir raison de ne pas admettre l'immatérialité de nos capitaux et de nos revenus. « Nous ne créons, nous ne détruisons pas un seul atôme, dit M. Say, » nous nous bornons à en changer les » combinaisons; et tout ce que nous y » mettons est immatériel; c'est de la » valeur; et c'est cette valeur immaté» rielle aussi, que nous consommons » journellement, annuellement, et qui » nous fait vivre; car la consommation » est un changement de forme donné à » la matière; ou, si vous aimez mieux, » un dérangement de forme, comme la » production en est l'arrangement. » (Lettres à M. Malthus.)

Ces remarques sont ingénieuses; elles sont justes sous un certain rapport, sauf l'application des mots *dérangement de forme* et *arrangement de forme*, qui ne caractérisent pas plus la consommation que la production. Mais quoi qu'il en soit, je ne tirerai pas des observations ci-dessus les mêmes conclusions que

M. Say, je ne dirai pas *que tous nos revenus sont immatériels*. La valeur est une chose immatérielle, il est vrai, mais dans les rapports des corps avec nous, leur valeur ne serait rien pour nous, si nous la séparions d'eux. Quand on échange deux valeurs l'une contre l'autre, ce n'est certainement pas telle ou telle dénomination abstraite que l'on échange, mais deux corps matériels. Gardons-nous donc de confondre la qualification métaphysique *valeur*, avec la valeur d'une chose, expression qui, en économie politique, signifie qu'avec telle quantité de marchandise on aura telle quantité d'une autre marchandise. Lorsque je dis qu'une poutre a de la *valeur*, je n'attache à ce mot aucune idée immatérielle; je ne veux exprimer autre chose, sinon que pour cette poutre j'obtiendrais une certaine quantité d'un autre produit. Il en est à cet égard du mot *valeur*, comme des mots longueur, largeur, etc., qui, appliqués à cette poutre, ne me rappellent certainement aucune idée abstraite, mais la quantité matérielle dont ce corps dépasse un autre corps ou en est dépassé.

Quelles sont les qualités qui font un bon soldat ? c'est le courage, la présence d'esprit, la force, l'adresse, etc. ; toutes ces choses sont immatérielles, en conclurai-je qu'un soldat, qu'une armée est un être immatériel ? Eh bien ! quoique les services productifs de l'industrie, des capitaux et de la terre puissent être regardés comme des choses immatérielles, on ne peut pas plus dire qu'un capital, qu'un revenu est immatériel, qu'on ne peut le dire de la poutre ou de l'armée dont nous avons parlé. Si on ne prenait des mots que leur valeur abstraite, toutes les réalités disparaîtraient, ou du moins on ne saurait plus comment les exprimer.

M. Say avait donné précédemment une définition des revenus, qui ne renfermait aucune idée métaphysique. « Les *produits*, disait-il, ou la valeur des produits qu'un particulier retire de son industrie, ou bien de ses capitaux, ou bien de ses terres, ou de tous les trois ensemble, forme ce qu'on appelle son revenu. » (Traité d'économie politique, liv. 4, ch. 2, I.re édit.) Or, *les produits* sont des objets matériels, et la valeur des produits n'est évidemment que les autres produits matériels que l'on peut recevoir en échange, comme M. Say l'a reconnu, lorsque peu avant la publication de ses lettres à M. Malthus, il s'exprimait ainsi : « En raisonnant sur » cette valeur (la valeur échangeable » des choses) sur ce qui la crée, sur ce » qui l'altère, on n'a plus raisonné sur » des abstractions, pas plus que deux co- » héritiers, après avoir fait l'inventaire » d'une succession, ne se partagent des » abstractions. » (Ricardo, ch. I.er, note de M. Say.) Ce profond et célèbre économiste me confirme ainsi lui même, dans l'opinion où je suis, qu'il est maintenant dans l'erreur, lorsqu'il avance que tous nos revenus sont immatériels. Que peuvent en effet produire les services de l'industrie, des capitaux et de la terre, considérés d'une manière abstraite? Rien, je crois. On peut, à la vérité, dans une analyse de la valeur des produits, isoler les services en question de toute substance matérielle, de même qu'on sépare fictivement la blancheur du corps blanc. Mais quand on parle des effets résultans des services de l'industrie, des capitaux et des terres, il faut nécessairement les réunir aux corps auxquels ils appartiennent, et les produits qui en résultent ne sont pas immatériels.

Quand un paysan enlève les pierres de son champ, et les remplace par de l'engrais; lorsqu'en l'entr'ouvrant par le labour il facilite l'action des gaz de l'atmosphère sur les substances minérales; sont-ce donc des combinaisons immatérielles qui se forment? Qu'importe que le travail puisse être considéré d'une manière abstraite, et qu'on en fasse un être idéal, puisque ce qui résulte de lui, ce qui, dans les calculs, sera toujours substitué à lui, est une chose matérielle? « Un champ, dit M. Say, sert comme » un creuset dans lequel vous mettez du » minérai, et d'où il sort du métal et » des scories, sans qu'aucune parcelle du » creuset entre dans ces produits. Un » fonds de terres ne s'use pas, etc. » Ces assertions me paraissent inexactes. Les végétaux se développent en absorbant une portion des substances qui composent le sol sur lequel on les sème;

un champ s'épuise quand on ne répare point, par des engrais, des arrosemens et des labours, la déperdition des parties du sol, que les végétaux décomposent et absorbent.

M. Ferrier relève cette phrase de M. Say: « Pour que nous eussions chaque année » de nouveaux revenus matériels, il fau» drait que la masse des matières qui » composent le globe augmentât chaque » année. » *Eh! mais c'est bien ce qui nous arrive, je pense!* reprend M. Ferrier. Il se trompe et M. Say aussi. La masse totale des molécules matérielles qui composent l'univers n'augmente pas; mais telle aggrégation de molécules, telle classe de corps augmente, telle autre diminue; on a plus de blé et moins de chênes, plus de bœufs et moins de loups. Les revenus de l'homme qui se composent des choses matérielles qu'il approprie à son usage, peuvent donc croître, et la masse des matières qui composent le globe n'augmente pas pour cela. Quand un mouton mange de l'herbe, une partie de la substance végétale se transforme en substance animale; ou, plus généralement, quand des corps quelconques se combinent entr'eux, aucun atôme de matière ne disparaît ; mais un corps a souvent disparu à jamais, c'est-à-dire qu'il est impossible à l'homme d'en réunir les parties éparses. Quelquefois deux corps, en s'unissant, perdent jusqu'à la forme de leurs molécules intégrantes, et très-souvent le composé n'a aucune qualité qui tienne de celles des substances qui le composent. Ainsi, deux corps blancs formeront un corps noir ; deux corps liquides, un corps solide ; deux poisons violens, une substance saine. Dans toutes ces opérations, aucun atôme matériel n'a été anéanti. Aussi lorsqu'on dit qu'un corps est consommé, qu'il est détruit, on n'a jamais entendu dire que la matière était détruite, mais bien que telle de ses aggrégations venait de varier.

Nos observations subsisteraient encore, lors même que le corps ne serait détruit que dans sa forme extérieure. Je casse un vase d'argile ; que m'importent les morceaux qui en restent ; je les jette au loin ; c'est comme s'ils n'existaient plus pour moi. Je dis alors que le vase est détruit, parce que le mot de *vase*, exprimait la forme sous laquelle ce corps m'était utile; sa forme changée, ses rapports avec moi ont cessé. Mais, bien que son utilité tînt à sa forme, chose immatérielle, cette forme, sans le corps, n'eût été rien, absolument rien : c'était donc une chose matérielle que je possédais quand ce vase existait ; et, en le brisant, j'ai diminué mon revenu ou mon capital matériel, sans rien changer *à la masse des matières qui composent le globe.*

Le gouvernement doit-il encourager le commerce et les fabriques de préférence à l'agriculture? tel est le titre du second chapitre qui est traité avec esprit; mais l'auteur, pour cela, n'a pas toujours raison; et on peut lui reprocher surtout de n'avoir pas assez bien défini quelques mots, ni assez développé quelques pensées. Ch. 2.

« Je suppose, dit M. Ferrier, qu'il existe
» une nation purement agricole, où l'in-
» dustrie n'ait fait encore aucun progrès.
» A l'exception des objets de consomma-
» tion indispensables à sa subsistance, ce

» peuple manque de tout. Je vais jusqu'à » supposer qu'il n'est pas même vêtu (1).

» On conçoit qu'un pareil peuple aura » beaucoup d'oisifs. Quelques-uns de ces » oisifs découvrent l'art de filer la laine » des troupeaux et le lin des champs. » En moins de dix ans, toute la nation » est habillée.

» Je demande à un économiste si cette » nation n'est pas plus riche qu'aupara- » vant. Il n'hésite point, et me répond » que non. — Non? — Non. Ce quelle a » de plus en habits, elle l'a de moins en » vivres : la valeur ajoutée au lin et à la » laine est précisément égale à ce que les » ouvriers ont consommé pendant la durée » de l'ouvrage ; la richesse du pays est » toujours la même. — Toujours la même! » mais s'ils fussent restés oisifs ces ou- » vriers, en auraient-ils consommé moins » de vivres? La nation a donc de plus

(1) Un peuple ne peut jamais être dans cette position. Supposer l'impossible, et vouloir en tirer quelques conséquences, c'est courir le risque d'arriver presque toujours à des résultats inutiles.

» ce qu'ils ont produit : elle est donc plus » riche. »

D'abord je ne pense pas que l'on puisse supposer un pays agricole où, avant l'établissement des fabriques, il existe une classe nombreuse de gens oisifs, vivant uniquement des charités des laboureurs. Il n'y a d'oisifs que les gens qui ont amassé de quoi vivre, ou les gens qu'un genre d'industrie a fait naître, et qui se trouvent privés de travail, parce que les produits de cette industrie ne trouvent plus d'acheteurs.

M. Ferrier aurait donc dû, à la supposition qu'il a faite, substituer celle d'un pays où de nombreux ouvriers se trouvent privés du travail auquel ils s'étaient livrés jusqu'à ce jour, et demander s'il ne vaut pas mieux rendre de l'activité aux fabriques qui les occupaient, et même en créer de nouvelles, que de continuer à s'approvisionner de quelques produits à l'étranger, bien qu'on se les y procurât à meilleur marché qu'on ne pourrait le faire d'abord dans les fabriques nationales? La réponse eût été facile; car peut-on mettre en doute qu'il ne vaille mieux occuper une classe souffrante de nos concitoyens, que de les laisser oisifs et de les nourrir aux dépens du public? Ce que la société dépense pour eux dans le premier cas, est bien moins considérable que dans le second. Ajoutez encore que la marche toujours croissante des perfectionnemens industriels, tend à diminuer sans cesse la charge que supporte la nation. Souvent même les nouveaux fabricans finiront par livrer leurs produits à un prix inférieur à celui de l'étranger, et ils rendront ainsi à leur patrie ce qu'elle aura fait pour eux. Dira-t-on qu'il ne faut accorder de secours d'aucun genre à l'excès de population que quelque circonstance a fait naître? Ce serait cesser d'être humain de crainte d'être un peu moins riche, et oublier que l'aisance d'un grand nombre d'hommes contribue bien plus à la puissance du pays, que l'excès de richesse d'une moins forte population. Mais lorsqu'une grande quantité d'ouvriers ne se trouve pas sans emplois, et il en sera presque toujours ainsi dans un pays régi par de sages lois, ce serait faire une grande faute que de prohiber la sortie des matières premières produites par le sol, pour faire naître des fabriques et une population surabondantes; ce serait nuire à des producteurs utiles pour en créer d'autres qui seront nécessairement un jour à charge à la société.

M. Ferrier ne paraît pas assez développer sa pensée quand il dit : *Un tisserand gagne de quoi alimenter lui, sa femme et trois enfans : voilà donc cinq personnes que son travail fait vivre : donc il remplace au-delà de sa consommation.*

Un homme qui ne gagnerait que de quoi vivre lui seul, serait au-dessous, non-seulement des sauvages, mais des bêtes brutes. Car tout animal sait se procurer de la nourriture pour lui et ses petits, tant que ceux-ci ne peuvent la chercher eux-mêmes; et il faut encore qu'il les garantisse de leurs ennemis, leur fasse des gîtes, les préserve du froid, du chaud, de la pluie, etc. Beaucoup d'espèces disparaîtraient, si cette faculté de ramasser plus de vivres, de prendre plus de soins qu'on n'en a besoin pour soi seul, venait à cesser.

Pendant que le tisserand fait de la toile, sa femme prépare ses repas, allaite ses enfans, etc.; et l'on doit dire que son travail suffit à lui seul, tant qu'il ne sert qu'au soutien de sa famille.

Les économistes se sont trompés, s'ils ont dit qu'un ouvrier ne crée rien, parce qu'il consomme pour une valeur égale à ce qu'il crée, et que par là ils aient voulu dire que cet ouvrier détruisait autant qu'il produisait. Car un ouvrier crée en général bien au-delà de ce que consomment, pour leurs plus stricts besoins, lui, sa femme et ses enfans.

Mais si, par consommation, les économistes entendent tout ce qu'un homme emploie, non-seulement pour soutenir son existence, mais encore en mets recherchés, en bonnes étoffes, en un mot, en acquisitions de tout genre, maisons, terres, voitures, et même en écus qu'il entasse, si telle est une de ses jouissances, alors il est très-exact de dire qu'il ne gagne que ce qu'il consomme. Mais cela est si simple, qu'il était très-inutile de le faire remarquer.

M. Ferrier

M. Ferrier aurait dû dire, ce me semble : un tisserand gagne de quoi alimenter journellement sa femme et ses enfans, et de quoi subsister pendant les maladies qui peuvent survenir, et la vieillesse qui s'approche sans cesse. Il peut encore procurer à sa famille quelques jouissances au-delà des stricts besoins de la nature, telles que du vin au lieu d'eau, du feu dans l'hiver, et d'autres objets qui flattent l'œil, charment l'oreille, ou entretiennent la santé : il crée donc au-delà de ce que lui, sa femme et ses enfans consomment en vivres et en autres objets indispensables à leur existence journalière.

M. Ferrier prouve très-bien ensuite que le commerce et les fabriques ont plus besoin de l'appui immédiat du gouvernement, que l'agriculture qui suit naturellement, dans ses progrès, ceux de l'industrie et du commerce. Je ne dirai pas cependant avec lui que le meilleur moyen d'encourager l'agriculture, est d'encourager les manufactures : je dirai que c'est un bon moyen, pourvu que les encouragemens accordés aux fabriques, n'aient pas lieu au détriment de l'agriculture, comme cela se pratique trop souvent, et par des causes auxquelles les gouvernemens ont bien de la peine à résister. Que la population des villes souffre, elle accuse les riches de ses malheurs, et va tumultueusement demander aux magistrats du pain et du travail; que les saisons trompent l'espérance des laboureurs, ils souffrent avec résignation, lèvent les mains au ciel, et attendent de Dieu seul un soulagement à leurs maux. Dans les villes, les gens de même profession sont rapprochés les uns des autres ; ils s'unissent, ils se concertent entr'eux, et ils accablent de leurs écrits, de leurs demandes, les chefs de l'Etat qui, habitant au milieu d'eux, écoutent plus leurs clameurs que les larmes des paysans. Ceux-ci, par leur éloignement du centre du pouvoir, et leur ignorance des habitudes des villes, de l'art des sollicitations, et souvent même des causes de leur souffrance, ne songent pas à unir leurs vœux et à les déposer au pied du trône.

Disons encore que la plupart des gouvernemens de l'Europe ont été fondés par des invasions à main armée ; que les vaincus, condamnés à travailler pour les vainqueurs, ont recouvré lentement une partie de leurs droits ; que les villes ont été les premières affranchies, et que les campagnes se ressentent encore de l'asservissement dans lequel elles furent plus long-temps plongées; si bien, qu'aujourd'hui encore le paysan qui a le même revenu qu'un habitant de la vill , a pour celui-ci quelques-unes de ces déférences qui annoncent l'ancienne position des cultivateurs : le fermier, en bien des lieux, appelle encore le propriétaire de la terre qu'il cultive, *son maître.* Toutes ces causes réunies tendent à faire oublier quelquefois les intérêts de l'agriculture pour ceux des fabriques ; de là, la taxation du prix des denrées agricoles, leur prohibition à la sortie (1), les corvées et les levées

---

(1) Il est vrai de dire que ce n'est pas toujours pour conserver les matières premières aux fabriques nouvelles, ou pour nourrir les habitans des villes à bas prix, que l'on a prohibé à la sortie certains produits du sol ; quelquefois ces prohibitions ont eu lieu pour encourager la mul-

d'hommes dans les campagnes alors que les villes en étaient exemptes.

L'agriculture et les fabriques prospèrent simultanément, quand l'oisiveté n'est pas en honneur; quand les grandes fortunes se divisent par de bonnes lois sur les héritages ; quand toute industrie est libre, toute propriété sacrée, toute confiscation impossible ; quand les impôts sont modérés et répartis également ; quand enfin tous les citoyens jouissent de droits égaux et d'une sage liberté. « Rien n'attire plus » les hommes, dit Montesquieu, que la » liberté et l'opulence qui la suit tou» jours. L'égalité des citoyens en amenant » plus d'égalité dans les fortunes, porte

---

tiplication de certains objets. On a cru sûrement, en défendant la sortie tantôt des béliers, tantôt des chevaux entiers, des jumens, des bœufs, etc., qu'on en aurait davantage, que l'on ferait plus d'élèves ; on s'est trompé. Quand on veut encourager la fabrication des draps, en défend-on la sortie? Les prohibitions des produits de l'industrie agricole, ne sont utiles que dans des circonstances qui demandent pour le salut de l'État des approvisionnemens extraordinaires.

» l'abondance et la vie dans toutes les » parties du corps politique. » La France et quelques autres Etats, grâce à la sagesse de leurs Princes et au développement de l'esprit humain, ont fait, depuis plusieurs siècles, de bien grands pas dans cette route.

M. Ferrier termine ce chapitre par une note où il s'attache à prouver que les personnes qui ont écrit sur l'économie politique, ne sont pas d'accord en tout point. Il n'en est pas de même, selon lui, de l'administration ; c'est un guide sûr : « aussi la science marche-t-elle avec l'ad» ministration, tandis que jusqu'à présent » elle n'a fait que rétrograder avec l'éco» nomie politique. » Ces assertions de M. Ferrier se réfutent d'elles-mêmes. Nous l'avons déjà dit : l'administration est une chose vague ; il y a de mauvaises comme de bonnes administrations. Ce n'est donc pas un guide sûr ; et je n'en connais aucun qui puisse préserver de tous les écueils. Car ce qui a réussi à une époque, peut être nuisible dans d'autres circonstances. Ce qu'on peut donc faire de mieux, c'est d'observer les faits qui résultent d'une longue administration; et quand je dis : *d'une longue administration*, c'est absolument comme si je disais : *des principes d'économie politique adoptés depuis long-temps par tel ou tel gouvernement.* Car vouloir faire, de l'économie politique et de l'administration, deux sciences opposées l'une à l'autre, c'est être dans une grande erreur. L'administration n'est que l'application des théories développées par l'économie politique; et celle-ci n'est fondée à son tour que sur les faits qui résultent de l'administration.

Ch. 3. Dans le chapitre III, intitulé : du *Commerce intérieur*, M. Ferrier développe très-bien les motifs de la supériorité du commerce intérieur sur le commerce étranger, en ne les jugeant tous les deux que par le nombre de travailleurs qu'ils occupent, et la valeur des produits qu'ils font circuler. Il évalue le revenu total de la France à huit milliards, dans lequel le commerce extérieur n'entre que pour un trente-deuxième environ. Le commerce étranger n'est pas à dédaigner pour cela, puisqu'il peut procurer à nos fabriques des matières premières que notre sol ne produit pas, et des marchandises fabriquées qui excitent de nouveaux goûts, de nouveaux besoins, et font naître bientôt de nouvelles fabriques où ces produits étrangers sont imités et perfectionnés. Mais ces fabriques ne s'établiraient que difficilement, et peut-être jamais, si de bonnes lois, en taxant les produits étrangers, ou en les prohibant, n'encourageaient la fabrication nationale. C'est le système adopté en France; système qui m'a toujours paru bon, mais dont il faut user avec beaucoup de réserve; parce qu'en lui donnant trop d'extension, on peut nuire à d'autres sources de richesse plus précieuses pour l'Etat. M. Ferrier le défend avec talent; et je ferai voir bientôt que, si quelques écrivains de l'école de Smith le rejettent entièrement, c'est qu'ils ont considéré le genre humain comme une grande famille, au lieu de le voir tel qu'il est, c'est-à-dire divisé en nations opposées d'intérêt en plusieurs points.

Le commerce intérieur, lors même qu'il n'emploierait ni plus de bras, ni plus de capitaux que le commerce extérieur, serait encore le plus profitable ; car dans le commerce intérieur, les bénéfices des parties contractantes ne se partagent pas entre deux pays, mais s'accumulent dans un seul. D'ailleurs, si le plus souvent il y a profit pour les deux parties, il arrive cependant quelquefois qu'un négociant perd sur la marchandise qu'il vend. Or, la perte de ce négociant est aussi une perte pour son pays, si la vente a eu lieu à l'étranger ; mais, si elle s'est effectuée dans l'intérieur, il n'y a point réellement de perte pour l'Etat : ce qu'un de ses citoyens a perdu, un autre l'a gagné. C'est l'histoire du mari et de la femme qui peuvent jouer ensemble très-gros jeu sans inconvénient pour leur fortune, qui ne s'altère ni ne s'augmente des pertes de l'un et des gains de l'autre. Ils n'y perdent que l'accroissement qu'ils auraient pu donner à leur fortune, en employant leur temps d'une manière plus utile.

Cependant il n'est pas juste de dire qu'en faisant travailler les ouvriers de son pays, l'Etat n'y perd jamais rien ; car, si ces ouvriers sont trop chers, parce qu'ils sont mal-adroits ou paresseux, les consommateurs en souffrent, et conséquemment l'Etat, dont l'intérêt n'est que la réunion de tous les intérêts. Mais le remède à ce mal n'est pas dans la libre concurrence de l'étranger : on le trouvera en excitant l'émulation entre les ouvriers nationaux, et en répandant l'instruction parmi eux. Et, pour le dire en passant, cela fait voir le danger de certaines professions, quand elles sont trop multipliées, telles que celles des chanteurs, des comédiens, des bateleurs, etc. ; car ces gens-là ne produisent rien qui vienne augmenter la masse des richesses de l'Etat; ils produisent des sensations qui ont, à la vérité, de la valeur pour eux, puisqu'on les leur paie ; mais c'est un prélèvement sur les objets matériels créés par d'autres, et non une création de choses susceptibles d'accumulation ; et de plus, ils enlèvent la classe laborieuse à ses ateliers, et nuisent ainsi à la production, quand la distraction qu'ils procurent n'a pas pour borne le repos et la gaîté nécessaires au délassement des travailleurs.

M. Ferrier regrette l'intervention qu'avait autrefois l'administration, pour empêcher la vente des produits imparfaits (1). Je conçois qu'il peut exister quelques produits, quelques étoffes par exemple, pour lesquels il soit nécessaire de constater, par une marque authentique, la quantité et la nature des matières employées et le genre de fabrication, quand il s'agit, comme dans le commerce du levant, d'acheteurs chez qui les souvenirs sont durables, et la confiance extrême dans les signes extérieurs. Mais je dis qu'en général, l'intervention de l'administration dans ces sortes de choses est un mal.

M. Ferrier regrette la suppression des maîtrises et des apprentissages, quoiqu'il ait reconnu, plus haut, que depuis la révolution, c'est-à-dire depuis la suppres-

---

(1) Si les plaintes de M. Ferrier sont fondées, l'administration d'autrefois avait donc raison, et celle d'aujourd'hui a tort. Que devient alors cette infaillibilité qu'il semble attacher à la science qu'il appelle administration.

sion des maîtrises, l'industrie nationale a fait d'immenses progrès, et que, peut-être même, elle n'aura bientôt plus de concurrence à redouter au dehors.

M. Ferrier se trompe dans tout ce qu'il avance sur les maîtrises; et c'est le cas de lui répéter ce qu'il dit souvent aux autres, que toute théorie doit céder devant l'évidence des faits. M. Ferrier nous assure, il est vrai, qu'il ne demande point le rétablissement des maîtrises, mais seulement que l'on réunisse les *intérêts semblables*, ce qui est bien rétablir les corporations; voici ses propres paroles : « Dans ce système de corporations qui, » sous un nom différent, s'étendait en » France à quelques-unes des premières » classes de la société, tout un peuple ne » forme qu'une aggrégation de familles, » dont les intérêts très-divers tendent » cependant vers un but unique; ce but » est le plus grand développement possible des facultés morales de l'homme, » fondé sur le besoin général de ce que » l'on a long-temps appelé la considération. La génération qui s'élève ne peut » pas savoir combien il y avait autrefois

» d'hommes considérés en France, non » pas seulement dans les rangs supé» rieurs, mais dans toutes les conditions. » Le mot *considération* n'aura bientôt » plus de sens. Je laisse aux moralistes » à dire pourquoi. »

Il me semble qu'avec plus de raison, on a vu, dans les corporations et les classes, des sources de haine, de morgue, d'ignorance; loin de former une aggrégation de familles, les corporations et les classes formaient des corps rivaux et ennemis les uns des autres; l'amour de la patrie était remplacé par l'esprit de corps. Et quant au mot considération, quoi qu'en dise M. Ferrier, il n'a rien perdu de sa valeur. Un artisan habile, bon père de famille et honnête homme, jouit aujourd'hui, plus encore qu'autrefois, de beaucoup de considération; elle est, dans tous les états, la récompense des gens de bien; elle attend surtout ceux qui sont utiles à leurs semblables, soit dans la vie privée par leurs conseils, leur appui, leur bourse, soit dans les dissensions civiles, en se jetant hardiment au milieu des partis, pour secourir les malheureux, rapprocher les esprits et appaiser les vainqueurs.

Après les regrets un peu trop oratoires et pas assez réfléchis de M. Ferrier, il ajoute qu'il ne voudrait, de l'ancien ordre de choses, que les mesures qui *empêchaient les fraudes et unissaient les intérêts semblables*, c'est-à-dire qu'il veut le rétablissement des corporations, sauf quelques changemens à leurs anciens statuts. Il ne songe pas que, sous le prétexte d'empêcher les fraudes, on eût défendu long-temps aux savoniers de Marseille, qu'il cite pour exemple, d'employer les soudes, nommées improprement factices. L'Etat y eût perdu une branche importante de commerce, et il en serait de même dans beaucoup de cas analogues. Et quant aux intérêts semblables, ils sauront toujours bien se réunir dans l'utilité de tous; ils seront réels et non factices comme autrefois, où il suffisait de quelques vieillards bien entêtés de leurs vieilles routines, pour tyranniser ceux qui, par d'utiles et savantes innovations, perfectionnaient la fabrication.

M. Ferrier termine ce chapitre et ses regrets sur la suppression des corporations par ces mots : « Voilà ce qu'on aurait dû » conserver et perfectionner, moins pour » servir l'industrie que pour raffermir la » société ; car, qu'est-ce qu'une société » où il n'y a que des individus ? »

M. Ferrier croit donc qu'il faut diviser les hommes par classes, jurandes, etc., pour qu'il y ait autre chose dans la société que des individus? Il se trompe; la France n'est pas composée seulement d'individus, et il n'est pas de peuple chez qui cela soit. Partout, les gens qui ont des intérêts communs se groupent. Ainsi, les avocats, les médecins, les employés, les artistes, les cultivateurs, les militaires, les prêtres, les juges, forment des groupes dans l'Etat, et défendent leurs intérêts communs. Mais ce nouvel ordre de choses a cela d'avantageux et de supérieur à l'ancien, que tout homme peut embrasser la carrière pour laquelle il a le plus de penchant; il peut en changer s'il s'est trompé dans ce qu'il croyait être sa vocation, et il ne sera exclu d'aucune. Les groupes naturels, tout en défendant leurs intérêts particuliers, n'ont ni haine, ni mépris les uns pour les autres ; car dans une même famille, le père peut être colonel, le fils marchand, le grand-père ouvrier, l'oncle paysan ou avocat ; tandis qu'autrefois, tous les membres d'une famille, sauf quelques exceptions, embrassaient des professions du même genre.

M. Ferrier, dans une note qui termine ce chapitre, revient encore sur l'utilité des corporations, et cite l'Angleterre où il en existe en effet, et la Turquie où il croit qu'il n'en existe pas.

Si la fabrication s'est accrue et perfectionnée en Angleterre, ce n'est pas à cause des corporations, mais parce qu'en dépit d'elles, la fabrication est exempte d'entraves en un grand nombre de lieux. Il est, au surplus, une cause plus puissante de l'accroissement des richesses en ce pays : c'est la liberté ; sous son ombre tout prospère.

Quant à la Turquie, ce ne sont pas les corporations qui lui manquent ; ce sont de bonnes lois. Peu importe que les métiers y soient ou non soumis à des réglemens ; le despotisme est là, il étouffe tout.

Les maîtrises exercent un monopole sur les consommateurs, elles arrêtent la consommation, découragent l'industrie, et ce ne seront jamais de longs et inutiles apprentissages qui feront les ouvriers habiles et les fabricans honnêtes.

M. Ferrier regarde comme un résultat fâcheux de la suppression des maîtrises, l'accroissement de la population. J'y vois, au contraire, le bien que ces suppressions ont fait ; car les Etats de l'Europe sont loin encore d'avoir atteint le maximum de population heureuse qu'ils peuvent contenir. Vouloir diminuer ou accroître la population par des règlemens sur l'industrie, ou des lois sur le mariage, comme quelques économistes l'ont encore proposé récemment, c'est être presque certain de diminuer les richesses, et c'est vouloir ne jamais parvenir au juste degré de population que le pays comporte. Laissez aux hommes la libre jouissance de leur industrie ; que de bonnes lois sur les héritages subdivisent insensiblement les grandes fortunes; que les impôts ne soient levés que dans le véritable intérêt de la société, alors les vertus et les talens seront

seront nécessairement en honneur ; car ce seront eux, au moins autant que les richesses, qui établiront les plus grandes différences entre les citoyens ; et la population parviendra bien vîte au terme qu'elle doit atteindre, sans que l'on ait à redouter qu'elle le dépasse ; parce qu'en général, les hommes qui jouissent d'une certaine aisance, d'un certain bonheur, ne veulent pas laisser après eux des enfans dans la misère et le malheur.

Si l'Angleterre présente le spectacle affligeant d'une classe nombreuse vivant de taxes imposées sur les riches, ce n'est pas à la suppression des maîtrises qu'elle le doit, puisqu'aucune n'a été supprimée chez elle : elle le doit principalement à l'énorme inégalité des fortunes, et à une multiplication trop grande d'une certaine classe d'ouvriers ; multiplication due à des moyens forcés, et à un système de douanes que l'on nous vante trop. Les pauvres diminueraient en Angleterre, si, au lieu d'aumônes arrachées pour eux, on parvenait, par de sages lois, à diminuer les fortunes colossales que ce pays présente. La richesse totale de l'Etat répartie en plus de mains, ne fait naître ni cet excès de population dans la classe la plus pauvre, ni cet excès de certains produits, résultat de cette mauvaise direction de l'industrie dont j'ai fait ailleurs connaître le danger (1) ; les pauvres sont moins nombreux, la population est plus grande ; les impôts enfin moins gênans pour chacun, sont plus faciles à percevoir. La France, plus que tout autre pays, est dans cette heureuse position : elle en est redevable principalement à cette multitude de fortunes médiocres que diverses dispositions législatives ont fait naître, telles que la division des héritages en portions à peu près égales ; tandis qu'en d'autres pays, dans la campagne de Rome, par exemple, le fléau des majorats, des substitutions perpétuelles, en accumulant les terres en un petit nombre de mains, a fait disparaître les villes, les hameaux et la population presqu'entière. On parle trop partout de l'accroissement des richesses :

---

(1) Examen du chap. I.er, liv. 3.

c'est de leur bonne distribution qu'il faudrait s'occuper. Je suis dans le désert avec mon frère; l'eau vient à nous manquer; moi j'en ai plus qu'il ne m'en faut; lui n'en a point; il m'offre une pièce d'étoffe en échange d'un peu d'eau; je la lui refuse, parce que j'espère obtenir pour le même objet deux pièces d'étoffes du premier étranger que nous rencontrerons. Certes, en considérant en masse les richesses de mon frère et les miennes, ma résolution enrichira notre famille; mais mon frère aura souffert : il sera mort peut-être. Eh bien! Français, Anglais, Espagnols, nous formons tous des familles séparées, et c'est moins à accroître la masse de nos richesses matérielles aux dépens des peuples voisins que nous devons songer, qu'à les distribuer convenablement entre un plus grand nombre de nos concitoyens.

Dans le chapitre IV, M. Ferrier fait ressortir tous les avantages qui sont résultés du commerce extérieur pour l'industrie, les arts et les sciences.

Le commerce extérieur peut s'effectuer, dit-il, de trois manières :

» Une nation échange des marchan-
» dises contre des marchandises,

» Ou des marchandises contre de
» l'argent,

» Ou bien enfin, de l'argent contre
» des marchandises. »

De ces trois sortes d'échanges, ajoute-t-il, la seconde seulement est *toujours avantageuse.*

Cela est-il bien exact? Ne peut-on faire de marché désavantageux, par cela seul qu'on est payé en argent?

Mais une question plus importante s'élève: le commerce doit-il être régi par des lois réglementaires, ou doit-il être affranchi de toute entrave? Smith pense que le commerce doit être entièrement libre. Il aurait raison, si toutes les nations pouvaient être considérées comme n'en formant qu'une seule; il se trompe, parce qu'il n'en est pas ainsi, et que ce qu'il prescrit convient aux hommes en général, et non aux hommes de tel ou tel pays: c'est une de ces utopies impossibles à réaliser, où il y a du bon à prendre, et voilà tout. M. Ferrier qui le combat, s'y est donc mal pris en ne voyant que les inconvéniens qui pourraient résulter de la liberté du commerce pour telle ou telle marchandise en particulier, et son exemple tiré du commerce des chiffons, ne signifie rien; car, ce que nos papetiers perdraient à la sortie des chiffons, nos vignerons, nos fabricans de dentelles, de soieries, etc., le regagneraient par la libre entrée en Angleterre des produits de leur fabrication.

On ne peut nier que si le commerce pouvait être à jamais libre, entièrement libre, entre deux pays, tous deux n'en retirassent un grand profit. On a fait, à cet égard, de grandes et récentes expériences : la Belgique, l'Italie, les provinces allemandes des rives du Rhin, pays abondans en fabriques de tout genre et en produits du sol, pouvaient craindre la concurrence des marchandises françaises, et les manufacturiers et agriculteurs français ressentir une crainte semblable. Cependant, lorsque ces pays n'en formèrent qu'un avec la France, leurs manufactures et leurs terres, loin d'éprouver les pertes qu'on redoutait, virent, ainsi que les nôtres, leurs produits se multiplier et leurs profits s'accroître. On a donc raison de dire qu'il serait dans l'intérêt de tous les peuples de ne mettre aucune entrave à leur commerce les uns avec les autres. Mais c'est comme si l'on disait qu'il serait avantageux à tous les peuples de vivre ensemble en bonne harmonie, et aux individus de se porter toujours bien, et de n'avoir jamais de querelles entr'eux : nul ne niera ces vérités-là ; mais tout le monde dira aussi que le conseil ne vaut rien, en ce qu'il est impossible à suivre.

Si plusieurs nations supprimaient les barrières qui les séparent sous le rapport commercial, elles se trouveraient momentanément dans le cas de plusieurs provinces d'un même empire, qui, séparées par des douanes intérieures, verraient enfin disparaître cette entrave à leurs communications et à leur industrie. Mais il y a ici cette grande différence, que la plus légère brouillerie rétablirait tout de suite, entre ces nations, les barrières de douanes, que la guerre civile la plus cruelle n'élèverait pas entre les provinces d'un même empire. Un peuple aurait donc tort de consentir à une liberté entière de commerce avec un autre; un traité entr'eux n'est pas un lien assez fort, il peut se briser à chaque instant, et ce pourrait être dans un moment où les suites de cet accord auraient eu plus d'avantages pour une nation que pour l'autre. Dans tous les cas, il arriverait immanquablement que quelque genre de fabrication se perdrait dans l'un ou l'autre pays, et que la guerre, ou seulement le rétablissement des douanes, lui en ferait sentir vivement la perte (1). D'ailleurs tous les peuples ne sont pas dans la même position, et ne se proposent pas le même but. Chez l'un, l'indépendance sera le premier des biens; chez

---

(1) Ce n'est pas, comme l'on voit, tous les genres de fabrication qu'il est nécessaire de créer dans son pays. Mais il en est qu'il faut avoir à tout prix; ce sont ceux nécessaires à la défense du pays et à la nourriture des habitans. Quant aux autres, avant de les faire naître, il faut voir si les moyens que l'on sera forcé d'employer ne seront pas plus nuisibles qu'utiles à l'État, en décourageant une autre industrie plus précieuse, celle des agriculteurs, par exemple.

l'autre, ce sera la prépondérance que donne une grande population, la gloire d'influer par de nombreuses armées sur les destinées du monde, d'être l'arbitre des nations. Ailleurs, la richesse sera l'objet de tous les désirs ; on voudra pouvoir acheter des alliés en temps de guerre, et rendre tous les peuples tributaires en temps de paix. Avec des buts si différens, les moyens peuvent-ils être les mêmes ?

Pour savoir donc s'il convient d'accorder telle ou telle liberté au commerce, on ne doit pas se borner à savoir s'il en résultera pour l'État un accroissement de richesse ; on doit considérer encore quelle influence cela aura sur la nation. Il n'y a, par conséquent, point de solution générale, mais autant de solutions particulières, qu'il y a de nations dans des positions différentes. Supposons qu'il s'agisse d'un pays du premier rang en Europe, qui soit forcé de s'interposer presque constamment dans les différens de ses voisins, et d'y prendre souvent une part active. Si sa position géographique, dans une île par exemple, le mettait à l'abri des invasions, il pourrait tourner toutes ses vues du côté des richesses ; il n'aurait point à craindre qu'elles attirassent l'ennemi sur son territoire ; sa force nationale consistant principalement en marine, une faible population lui suffirait, et son or achèterait des soldats étrangers pour les guerres continentales. Tout ce qui tendrait à augmenter la fortune d'un citoyen, pourrait en conséquence être encouragé ; car c'est principalement la masse des richesses qui fait ici la force de l'Etat ; et alors, si la force est le seul but qu'on veuille atteindre, peu importe en quelles mains se trouvent les richesses (1). Mais si ce pays était

---

(1) C'est d'après ce principe sans doute que le gouvernement anglais a laissé, depuis neuf ou dix ans, quelques seigneurs du nord de l'Ecosse, expulser les hommes de leurs vastes domaines, pour les remplacer par des troupeaux. La possession de quatre millions de moutons a été préférée au bonheur, et même à l'existence, de trois cent quarante mille montagnards ; la puissance due à la richesse a paru plus avantageuse à l'Etat, que la puissance due à des cœurs fidèles, à des bras valeureux. « La nation des » Gaëles, dit un historien philosophe et pro-

sur le continent, au milieu de nations nombreuses et guerrières, qui le pres-

---

» fond (*), restes des antiques Celtes, réduite
» à 340 mille individus, est aujourd'hui ex-
» pulsée de ses foyers par ceux mêmes qu'elle
» regardait comme ses chefs, par les familles
» auxquelles elle avait montré, pendant une
» longue suite de siècles, un dévouement en-
» thousiaste; toutes les propriétés qu'elle avait
» cultivées de générations en générations sous
» des redevances fixes, lui sont ravies; les champs
» qu'elle labourait, destinés désormais au pâtu-
» rage des troupeaux, sont livrés à des bergers
» étrangers; ses maisons et ses villages sont
» détruits par le feu.» Quelques-uns d'entr'eux ont été chercher un asile dans les forêts de l'Amérique; d'autres, ne pouvant se résoudre à ne plus voir les montagnes qui leur appartinrent et où depuis plus de 2000 ans reposent les ossemens de leurs pères, se sont fixés sur le bord de la mer, où de chétives cabanes leur étaient offertes, et où la pêche est devenue le soutien de leur triste existence.

Ainsi ce que n'avaient pu faire ni Rome dans sa puissance, ni les nations barbares qui la soumirent, une femme, la comtesse de Sutherland, et quelques seigneurs viennent de le tenter et

(*) Sismondi, Revue encyclopédique, septembre 1821.

seraient de toute part, est-ce en accroissant ses richesses aux dépens de sa population ou du bonheur de ses habitans, qu'il pourrait conserver son rang et son indépendance? Si la honte d'être soumis, méprisé, démembré, l'emporte sur toutes les jouissances que le luxe peut donner; si la patrie n'est pas un vain nom; il tâchera d'accroître sa population, fût-ce aux dépens de ses richesses; il regardera l'expatriation d'un de ses citoyens comme plus nuisible que l'exportation d'une partie de ses capitaux; il s'attachera à rendre tous les habitans heureux, pour qu'ils soient fiers de leur patrie, et prêts à verser leur sang pour elle; et il regardera conséquemment le gain que pourrait faire un individu comme

---

de réussir. Trahissant leurs devoirs de chefs, de souverains, de pères des Gaëles, ils ont déshérité leurs tribus; ils ont préféré le luxe de l'étranger à l'amour de leurs enfans, et la servitude des cours à une noble et sage indépendance au milieu des braves de leur clan. L'Angleterre y a gagné en richesse, mais tout gain est-il permis?

moins utile à l'Etat, qu'un gain plus faible qui se répartirait sur un plus grand nombre de têtes.

Dans le premier des deux pays dont nous venons de supposer l'existence, la masse des richesses, quelle qu'en soit la répartition entre les citoyens, sert à la défense de l'Etat; dans l'autre, elle ne ferait qu'attirer l'ennemi et assurer ses succès, si des bras nombreux, des cœurs satisfaits, ne se chargeaient de la défense du pays. C'est dans cette seconde hypothèse que je raisonnerai; car c'est de la France que nous devons principalement nous occuper.

Les deux principes fondamentaux sur lesquels les partisans de la liberté indéfinie du commerce ont élevé leur système sont : 1.° Que chaque homme connaît ce qui convient le mieux à son intérêt. 2.° Que l'intérêt de l'Etat se compose de la somme des intérêts particuliers.

Ces principes sont assez généralement vrais; cependant il suffit qu'ils ne le soient pas toujours, pour qu'on doive s'en servir avec circonspection. Si le premier était toujours vrai, pourquoi tant de méthodes vicieuses dans les arts, tant de difficultés à introduire les cultures les plus utiles? Que de peines n'a-t-on pas eu et n'a-t-on pas encore pour faire adopter, d'abord l'inoculation de la petite vérole, et ensuite la vaccine! Voit-on beaucoup de jeunes gens se livrer à l'étude sans y être forcé par leurs parens? Et, sans nos lois sur le vagabondage, et surtout sans le mépris que dans nos mœurs nous y attachons, que d'ouvriers iraient mendier, plutôt que de travailler?

La routine et la paresse sont des obstacles constans au développement de notre intelligence. Chaque homme fait ce qui lui est le plus agréable; mais lorsqu'il croit faire en même temps ce qui lui est le plus utile, il se trompe souvent, et par rapport à lui, et plus encore par rapport à la société dont il fait partie (1). Si les hommes n'agissaient

---

(1) En arrachant les arbres qui couvraient des montagnes escarpées, en y substituant des vignes, en labourant des pentes rapides pour y semer du grain, les paysans ont, de nos jours, en plusieurs endroits de la France, cru augmenter leurs

jamais contre leurs véritables intérêts, il faudrait effacer de toutes les langues le mot *repentir*.

Passons au second principe ; l'intérêt de l'Etat se compose, dites-vous, de la somme des intérêts particuliers ; cela est vrai ; mais il ne faut point en conclure que ce qui est avantageux à un individu, soit toujours utile à l'Etat ; car ce qui est bénéfice pour un homme, peut être perte pour un autre. La somme des intérêts particuliers comprend donc des quantités positives et négatives ; mais je dis plus, le gain pourrait être égal à la perte, et l'Etat y perdre, non en richesse pour le moment, mais en force et en source de richesse pour l'avenir ; et cela aura lieu lorsque le gain sera fait par un homme riche, au détriment d'un homme pauvre.

---

richesses. Les premières années furent, en effet, très-productives, mais bientôt les torrens d'eaux pluviales entraînèrent dans les vallées la terre végétale que les racines des arbres et un gazon compacte retenaient précédemment, et des montagnes couvertes naguères de belles forêts, ne présentent plus maintenant que le rocher à nu dans toute sa stérilité.

La Toscane, il est vrai, pendant vingt-cinq ans qu'elle a joui de la liberté indéfinie du commerce, a vu ses manufactures prospérer, de nouvelles industries se développer, sa population s'accroître d'un neuvième, son numéraire devenir plus abondant, et des vallées entières, celles de la Chiana, du Nievole, précédemment en friche ou couvertes par les eaux, être cultivées avec un succès remarquable. Mais ce qui convient à la Toscane, convient-il sans aucune restriction à la France? Je ne le pense pas; de même que je ne crois pas que l'on ait raison, non plus, de nous citer toujours l'Angleterre pour justifier des mesures prohibitives. L'Angleterre, par sa position, ses mœurs, son gouvernement, ses colonies et sa puissance dans l'Inde, ne diffère-t-elle pas de la France au moins autant que la Toscane.

Il résulte, ce me semble, de ce que nous venons d'exposer, que *la liberté indéfinie* du commerce ne peut pas convenir à tous les peuples indistinctement, parce que chez quelques-uns il arrivera qu'utile à des individus, elle sera nuisible à un plus grand nombre ; que le pays qui y perdrait en richesse ou en population, ne fût-ce que momentanément, ne regarderait pas, avec raison, comme une compensation, ce que les autres pays auraient gagné ; parce que ceux-ci ne viendraient nullement à son secours, et que, pour qu'il en fût autrement, il faudrait que tous ne formassent qu'un seul Etat. Il serait, certes, à désirer qu'en faisant du bien à son pays, on en pût faire à toute la terre ; mais avant de porter nos vues si loin, songeons avant tout à ce qui convient à nos concitoyens; ne faisons pas dire de nous ce que Rousseau dit de ces cosmopolites qui n'aiment les Tartares que pour se dispenser d'aimer leurs voisins. Mais s'il est souvent impossible qu'une disposition commerciale, qu'une mesure politique, soient à la fois avantageuses à notre pays et aux autres Etats, il est consolant du moins pour l'humanité de penser qu'il est impossible de faire un bien réel et *durable* à ses concitoyens, sans faire en même temps quelque bien aux étrangers avec lesquels on est en relation. La justice, la bonne

bonne foi, la générosité, sont heureusement pour les nations et les gouvernemens, comme pour les hommes en particulier, les plus sûrs moyens de puissance et de stabilité (1).

M. Ferrier termine la seconde section du quatrième chapitre, en disant que le commerce extérieur le plus avantageux pour une nation, est celui dont les retours se font en argent.

Ce principe, comme nous l'avons déjà remarqué, n'est pas admissible : il n'est pas un individu qui ne sache que les retours en marchandises sont souvent plus avantageux que les retours en argent.

Il ne suffit pas à un peuple, pour être riche, d'avoir de l'argent en abondance : il faut qu'il sache et puisse s'en servir.

---

(1) Les vertus ne sont pas le froid résultat d'un calcul ; sans elles aucune société n'existerait, et sans société l'espèce humaine disparaîtrait. Les vertus sont nées avec l'homme pour sa conservation. Une demi-civilisation peut fausser notre instinct, de mauvaises lois politiques et religieuses peuvent appeler quelques vices, vertus, et quelques vertus, vices; mais que l'homme consulte sa conscience, elle ne le trompera pas.

Si l'Espagne, au lieu de recevoir de l'or et de l'argent du nouveau monde, en eût reçu des matières premières, et les eût employées à alimenter de nombreuses fabriques, ne se serait-elle pas enrichie ? tandis qu'avec son or, elle s'est appauvrie et dépeuplée.

Le pays, manufacturier même, qui, dans une position différente de l'Espagne, vendrait constamment ses marchandises à l'étranger contre de *l'argent*, ne ferait pas, quoiqu'en dise M. Ferrier, un marché *toujours avantageux* : il se priverait souvent de matières premières dont il aurait plus besoin que d'argent, et finirait par avoir trop de celui-ci. D'ailleurs, cette exportation continuelle de ses marchandises et de ses denrées contre de l'argent, prouverait, ce me semble, qu'il ne serait pas aussi peuplé qu'il pourrait l'être, ou que ses habitans ne jouiraient pas de l'aisance que leur travail devrait leur procurer, puisqu'ils consommeraient constamment moins qu'ils ne produiraient. Il n'y a pas de doute qu'il ne soit souvent avantageux de vendre ses marchandises contre de l'argent; mais ce qui constitue en partie cet avantage, c'est de pouvoir échanger à son tour cet argent contre des denrées étrangères. Recevoir de l'argent de l'étranger, n'est donc pas toujours un bien ; en exporter, n'est donc pas toujours un mal.

M. Ferrier commence la quatrième section de ce chapitre, en faisant dire encore à Smith qu'il ne faut ni avocats, ni médecins, ni hommes de lettres ; en un mot, il lui fait proscrire tout le travail nommé improductif ; et Smith, comme nous l'avons répété plusieurs fois, n'a rien dit de semblable : il dit au contraire que ce travail est très-utile à la société, qu'elle ne peut s'en passer, etc., etc.

M. Ferrier qui, dans le chapitre premier, a fait l'éloge de tous les genres de consommation, blâme ici celle du tabac : *Dépense*, dit-il, *bien folle et bien ridicule assurément* pour les nations qui n'en récoltent pas.

Si toutes les nations ne récoltent pas du tabac, toutes le manipulent et en augmentent la valeur par la fabrication. C'est un nouveau produit que les hommes ont jeté dans le commerce ; c'est une richesse de plus qu'ils ont conquise ; et en se créant des besoins nouveaux, ils se sont excités au travail. La consommation du tabac, loin d'être pour les nations une dépense folle et ridicule, est un bienfait du ciel, puisqu'elle procure à l'homme pauvre des jouissances faciles. Une prise de tabac rend de la vivacité à ses pensées, de l'activité à ses mouvemens ; la fumée de sa pipe l'entoure d'idées vagues et riantes qui éloignent de lui, pour quelques intans, les maux dont il est accablé. Hommes riches, qui mettez à contribution pour vos plaisirs tout ce que la nature et l'industrie peuvent créer, ne regardez pas comme une perte pour l'État, les jouissances du pauvre !

Je termine ce chapitre en relevant l'erreur grave que commet M. Ferrier, en confondant les corvées dont il croit que la suppression a été trop brusque, trop générale, avec les prestations en nature demandées par quelques départemens pour les réparations des chemins vicinaux. Les nobles et le clergé étaient exempts des corvées royales ; beaucoup d'autres personnes jouissaient du même privilége, et les corvées ne pesaient que sur les paysans. La prestation en nature atteint tout le monde sans distinction de rang; c'est un impôt comme un autre; il aurait ses inconvéniens et ses avantages, selon la manière dont on l'établirait.

Dans le chapitre V, l'auteur s'occupe du commerce de transport; et tout ce qu'il dit à ce sujet, me paraît très-convenable. CH. 5.

« Quels que soient, dit-il, les bénéfices » du commerce de transport, il est cons» tant qu'il ne convient point à une na» tion agricole et manufacturière. La » véritable source des richesses, pour » une telle nation, c'est la reproduction » et le travail. Il faut qu'elle donne à ses » capitaux cet emploi, et qu'elle songe » à transporter et à vendre ses propres » marchandises, avant de s'occuper à » transporter et à vendre celles des autres.»

« En France, où l'on est très-porté à » juger par comparaison, sans tenir au» cun compte des différences de temps » ou de localités, il existe encore au» jourd'hui des partisans du commerce » de transport, qui, séduits par l'an-

» cienne prospérité de la Hollande, s'imaginent qu'il serait très-avantageux de se livrer, chez nous, à ce genre de spéculation. »

Ils ne voient pas que ce qui convient à un petit pays dont le territoire est peu fertile, et les fabriques peu nombreuses, ne peut convenir à un pays tel que le nôtre.

Concluons avec l'auteur, que le commerce de transport convient peu à la France, et qu'il ne faut l'encourager que dans le seul cas d'exception où il est indispensable pour soutenir quelqu'autre branche de commerce, soit intérieur, soit extérieur.

CH. 6. Le chapitre VI est intitulé : *Du commerce de l'Inde.*

M. Ferrier soutient que ce commerce, abandonné à lui-même sans aucune espèce d'entrave, pourrait être nuisible à la France, parce que plusieurs de nos fabriques n'ont point atteint la perfection de celles de l'Inde, et que les habitans de ce pays ne sont point aussi avides des productions de notre sol, que nous le sommes des leurs. Mais ce n'est point une raison pour le proscrire entièrement, comme le fait M. Ferrier. L'Europe et l'Amérique auront toujours des produits qu'il leur sera avantageux d'échanger contre des produits de l'Inde : quels immenses bénéfices ce commerce ne procure-t-il pas en ce moment à l'Angleterre et aux Etats-Unis !

M. Ferrier ne veut pas que l'on envoie de l'argent dans l'Inde, parce que l'argent est nécessaire à l'Europe. Je conviens qu'il est très-sage de ne pas envoyer à l'étranger l'argent dont on a besoin ; mais je dis en même temps que ce serait une folie de le garder quand on en a trop. Il y a des momens où une nation a de la monnaie au-delà de ses besoins ; et sans le grand débouché de l'Inde, il est certain que l'or et l'argent seraient devenus tellement abondans en Europe, qu'ils auraient perdu beaucoup de la qualité précieuse dont ils jouissent, de faciliter les échanges.

M. Ferrier admet, à la vérité, qu'une nation qui serait dans un état si prospère, qu'elle n'aurait plus de progrès à espérer pour son agriculture et son industrie, pourrait faire le commerce de l'Inde, et y porter la portion de son numéraire qui lui serait entièrement inutile. Mais il ajoute bientôt que ce serait au détriment de l'Europe, et par suite, de cette nation elle-même, lorsque ne pouvant plus prélever du numéraire sur les autres peuples, elle n'aurait plus celui nécessaire à son industrie.

Pour prouver cela, il suppose que toutes les mines soient épuisées, et que tout le numéraire de l'Europe soit passé dans l'Inde; et il demande ensuite *ce que deviendra alors, non le commerce de l'Inde, auquel nous serons bien obligés de renoncer, à défaut de moyens d'échange, mais notre propre industrie.*

Si les mines cessaient de produire, les nations de l'Europe n'exporteraient pas tout leur numéraire dans l'Inde, parce qu'il arriverait un moment où, en le gardant, elles en tireraient un parti plus avantageux. Les Phéniciens, les Egyptiens, les Carthaginois, les Perses, les Romains, ont fait avec l'Inde un commerce avantageux; les mines d'or et d'argent, les plus abondantes du globe, n'étaient pas connues, et nous ne voyons pas que ce commerce ait privé de leur monnaie ces différens pays.

Au surplus, est-il permis de supposer que toutes les mines tariront, et que l'Europe se privera de tout son numéraire ? Le tort de beaucoup d'écrivains, et c'est ici celui de M. Ferrier, est de faire des suppositions impossibles sur lesquelles ils basent ensuite des raisonnemens qui peuvent être justes, mais qui ne mènent à rien. Le point d'où l'on part est chimérique, celui où l'on arrive l'est nécessairement. Mais en admettant même la supposition impossible que fait ici M. Ferrier de cet abandon absolu de toutes les mines, je m'en servirai pour lui faire voir combien il a eu tort d'élever l'argent au-dessus de toutes choses. L'argent, a-t-il dit, est plus que les richesses. Cependant les mines d'or et d'argent tariraient, que les hommes, certes, continueraient d'exister et de produire; tandis que, si la terre cessait d'être fertile, si elle ne produisait plus les choses utiles à l'homme, les métaux exceptés, la race humaine disparaîtrait totalement.

CH. 7. Le chapitre VII est consacré au commerce des colonies.

Quand un produit agricole est pour un peuple de première nécessité, il est de son intérêt de le naturaliser sur son sol : c'est ainsi que nous nous sommes approprié la culture du tabac, du mûrier, de la pomme de terre ; et si nous avions pu cultiver le coton, la canne à sucre, etc., cela nous eût été fort avantageux. Mais il ne faut pas croire qu'à défaut d'un climat convenable pour ces différentes cultures, il soit toujours de notre intérêt d'avoir quelque part, bien loin de nous, une colonie où l'on puisse les cultiver. Il faut savoir avant tout si les avantages de tout genre qu'en retirera la métropole, surpasseront les dépenses de toute espèce auxquelles cela l'obligera.

Un des avantages des colonies est d'assurer un débouché aux marchandises nationales ; car la nation qui n'aurait pas de ces établissemens, pourrait être repoussée des colonies étrangères, par des réglemens défavorables à son pavillon.

Elles peuvent encore être considérées comme relâches utiles pour les bâtimens de guerre et ceux du commerce, et comme servant à former de nombreux marins. Je remarquerai seulement qu'un acte de navigation sagement conçu et exactement suivi, pourrait créer de nombreux marins, alors même qu'on n'aurait aucune colonie. Les Etats-Unis d'Amérique n'ont point de colonies, et ils ont une marine florissante.

C'est ici le cas de répéter qu'il n'y a point de règles absolues. Il peut être avantageux à un peuple d'avoir des colonies ; cela peut lui être onéreux : il peut enfin perdre des colonies fort précieuses, et les remplacer d'une manière plus utile encore. Sous Louis XVI, nous fournissions aux étrangers pour environ cent millions de denrées coloniales outre notre consommation. Au temps de la République et de l'Empire, n'ayant plus de colonies, nous avions donc perdu sur cet article plus de cent millions de produits annuels, et cependant l'État, loin de s'appauvrir, s'est enrichi.

Sans la perte de nos colonies, nos capitaux n'auraient peut-être pas changé de direction. Il est probable qu'ils se seraient accrus moins rapidement qu'ils ne l'ont fait, et que nous n'aurions jamais songé à nous approprier et à créer cette multitude d'industries nouvelles qui nous assurent des richesses plus considérables, et surtout moins précaires, que celles que nous retirions des denrées de nos colonies.

M. Ferrier regrette le temps où nous les possédions, et il fait de ce temps un portrait un peu flatté. « L'argent que les » denrées coloniales étrangères nous coû» tent annuellement, dit-il, est enlevé au » soutien de l'industrie qui emploie par » conséquent moins de bras et produit » moins de richesse. » (pag. 370.)

Ailleurs cependant (page 375), il reconnaît « que la France a crû en richesse et » en population. » Cette contradiction lui est échappée, parce qu'ici il dit ce qu'il voit réellement ; tandis qu'auparavant il s'était laissé entraîner à ce penchant naturel à bien des gens, de parler avec exagération du passé aux dépens du présent.

Certes, si nous pouvions joindre les avantages du temps passé à ceux du temps présent ; si nous pouvions, par exemple, occuper de nouveau nos anciennes colonies, et les retrouver dans leur ancienne splendeur, sans perdre aucune des richesses que nous avons acquises dans l'intérieur de la France, cela serait fort heureux. Mais à défaut de ce double avantage, nous devons nous féliciter de notre position, puisque ce que nous avons, vaut mieux, à tout prendre, que ce qui existait; et il ne faut pas, comme M. Ferrier, regretter le temps où nos ports étaient plus florissans qu'aujourd'hui, puisqu'il convient que les villes do l'intérieur l'étaient moins, et que l'accroissement de richesses des unes, l'emporte sur l'appauvrissement des autres.

M. Ferrier résume ainsi les principes qu'il a cherché à établir dans le livre III. J'ai mis en regard ce que je crois devoir y substituer.

« Il est faux qu'à valeur égale un capital en argent ne rende pas au pays plus de services qu'un capital en marchandises. »	Un capital en argent peut être plus utile qu'un capital de même valeur en marchandises et réciproquement. Cela dépend du besoin d'argent ou de marchandise que l'État éprouve.

« Il est faux que l'in-
» térêt privé, laissé à sa
» pleine liberté, con-
» duise toujours et né-
» cessairement les pro-
» priétaires de capitaux
» à préférer l'emploi le
» plus favorable à l'in-
» dustrie nationale. »

« Il est faux que la
» production puisse s'ac-
» croître quand la con-
» sommation générale
» diminue.

L'intérêt privé, laissé à sa pleine liberté, ne conduit pas *toujours* les propriétaires de capitaux à préférer l'emploi le plus favorable à l'industrie nationale.

La production ne peut pas s'accroître *utilement* quand la consommation diminue, si par consommation on entend l'emploi quelconque des produits; mais elle peut augmenter d'une manière utile, si c'est seulement de la consommation improductive que l'on veut parler.

Un pays où la production et la consommation se balancent exactement, peut malgré cela voir l'aisance de ses habitans, et conséquemment sa puissance, croître ou décroître sans que la production et la consommation aient augmenté ou diminué.

« L'agriculture a moins » que l'industrie, be- » soin de l'appui immé- » diat du gouvernement. » L'agriculture suit na- » turellement dans ses » progrès ceux de l'in- » dustrie et du com- » merce ; le meilleur » moyen de l'encourager » est d'encourager les » manufactures.

L'agriculture a moins que l'industrie, besoin de l'appui immédiat du gouvernement. Elle suit naturellement dans ses progrès ceux de l'industrie et du commerce, pourvu toutefois que la prospérité des fabriques ne soit pas due à une dépréciation forcée des produits agricoles. Le meilleur moyen d'encourager l'agriculture est d'accorder aux hommes des droits égaux, une sage liberté, d'assurer par de bonnes lois la division des terres, et la libre disposition de ses produits, d'abolir les confiscations, et de rendre sacré le droit de propriété.

« Le commerce intérieur » est celui qui occupe le » plus de bras, qui crée » le plus de produits ; il » est le fondement le » plus solide de la pros- » périté d'une nation. »

Le commerce intérieur est celui qui occupe le plus de bras, qui crée le plus de produits : il est le fondement le plus solide de la prospérité d'une nation.

« Le commerce extérieur a donné aux divers peuples de l'Europe les moyens de s'approvisionner d'argent. Tel est, depuis la découverte de l'Amérique, son objet immédiat. Les nations qui ont le mieux atteint ce but sont celles qui sont devenues les plus riches et les plus puissantes, témoin l'Angleterre, qui n'a cependant plus le même besoin d'une monnaie de métal, et qui est la seule nation qui ait pu s'en passer. »

Le commerce extérieur a donné aux divers peuples de l'Europe les moyens de s'approvisionner de monnaie métallique, agent commode d'échange ; il leur a fait connaître de nouveaux produits ; il a fait naître de nouveaux besoins ; il a excité la production.

« Une nation qui veut jouir de tous les avantages que lui donnent son territoire et son industrie, échange l'excédant de ses marchandises contre d'autres marchandises étrangères ; cette nation n'est ni prodigue, ni économe. Une nation économe échange de

Une nation qui veut jouir de tous les avantages que lui donnent son territoire et son industrie, échange l'excédant de ses marchandises contre des marchandises étrangères ; cette nation n'est ni prodigue, ni économe. Une nation économe échange de préférence l'excédant

» préférence l'excédant » de ses besoins ou une » partie de cet excédant » contre des matières » premières et du nu- » méraire; elle augmen- » te ainsi ses moyens de » produire, elle s'enri- » chit. Une nation pro- » digue échange et con- » somme à tout prix; » elle exporte sa mon- » naie, elle tue ses tra- » vailleurs, elle se rui- » ne. »

de ses besoins contre les matières premières et le numéraire qu'elle peut employer avec avantage; elle augmente ainsi ses moyens de produire, elle s'enrichit. Une nation prodigue échange et consomme à tout prix. Elle entame ses capitaux, elle diminue son travail, elle se ruine.

« Le commerce de » transport ne convient » qu'aux États pauvres » dont le territoire est » borné, la population » peu nombreuse et l'in- » dustrie languissante. »

Le commerce de transport ne convient guère qu'aux États dont le territoire est peu étendu et la population peu nombreuse.

« Le commerce de » l'Inde enlève annuelle- » ment à l'Europe des » sommes immenses en » numéraire, il y ré- » paud le goût des mar- » chandises étrangères, » il paralyse ainsi une » partie des manufactu- » res indigènes. »

Le commerce de l'Inde a été utile, il a été nuisible, et il sera encore utile ou nuisible suivant les lois qui le régiront, et le peuple qui l'entreprendra. Il a fait naître en France un grand nombre de fabriques; maintenant il pourrait en ruiner quelques-unes si des réglemens ne le maintenaient pas dans de certaines limites.

« Le système colonial » a beaucoup augmenté » la prospérité de la » France et de l'Angle- » terre. »

Le système colonial adopté par la France et l'Angleterre a contribué puissamment à les enrichir, et il a appauvri d'autres pays. Un système colonial quelconque peut être avantageux ou désavantageux à un pays, suivant sa position financière, politique et industrielle.

« Les colonies sont » une partie de terri- » toire ajoutée à celui » des peuples auxquels » elles appartiennent. »

Les colonies sont une portion de territoire ajoutée à celui des peuples auxquels elles appartiennent.

« L'indépendance des » colonies serait un acte » de déraison de la part » des métropoles : elle » n'est sollicitée que par » l'imprévoyance ap- » puyée de fausses idées » de justice et de li- » berté. »

L'indépendance des colonies peut être, de la part des métropoles, un acte de raison ou de folie; cela dépend d'un grand nombre de quantités variables. Rien d'absolu sur ce point comme sur tant d'autres.

EXAMEN
DU LIVRE QUATRIÈME,

INTITULÉ:

DU SYSTÈME COMMERCIAL.

Le livre IV est consacré au système commercial adopté par la France, système généralement bon, mais qui aurait pu nous devenir nuisible, par les applications forcées auxquelles on s'est laissé entraîner quelquefois, et que nécessitait peut-être l'état politique de l'Europe. Heureusement, le mal qui en résultait pour notre industrie s'est trouvé plus que compensé par des circonstances favorables au développement de cette même industrie. Si celle-ci a donc été toujours croissant, ce n'est pas seulement à nos réglemens commerciaux qu'elle le doit (1),

(1) Les personnes qui se trouvent aujourd'hui à la tête de l'administration des douanes, de même que celles qui les ont précédées, joignent aux connaissances théoriques, l'avantage inappréciable d'avoir passé par les grades inférieurs,

mais bien, par exemple, à la suppression des lignes de douanes entre la France et plusieurs pays que nos victoires et le vœu des peuples avaient réunis sous la même domination; à la division des grandes propriétés, qui dédommagea amplement l'agriculture du mal qu'elle reçut de quelques prohibitions; et enfin, au gouvernement représentatif qui, loin d'apporter aucune entrave au génie, entoure de considération l'homme indus-

---

et de n'ignorer conséquemment ni les détails d'un service très-compliqué, ni les obstacles de tout genre que présente souvent l'exécution des projets les mieux conçus en apparence. Si donc les mesures les plus avantageuses au commerce n'ont pas toujours été prises, cela vient sans doute de ce qu'en France le but des douanes n'est pas uniquement de protéger l'industrie, mais encore de lever un impôt; qu'ensuite la guerre et les rivalités nationales entraînent nécessairement les peuples à se nuire à eux-mêmes quand il peut en résulter un mal plus grand pour leurs ennemis. Enfin il est des mesures, qu'on ne juge qu'après l'événement; réussissent-elles, le public y applaudit; échouent-elles, il les désapprouve; et dans un cas comme dans l'autre, prétend toujours en avoir prévu les résultats.

trieux, et apporte la vie et l'émulation dans toutes les classes de la société, par le bienfait de la liberté politique et civile : dons précieux dont nous jouirons bien plus, et que nous apprécierons bien mieux, quand quelques esprits, encore aigris, se seront rapprochés dans l'amour de la patrie et de l'auguste famille de Henri IV !

Ce livre est peu susceptible d'observations, parce que ce n'est plus une théorie qu'énonce l'auteur, mais une exposition du système des douanes de la France. M. Ferrier, en raisonnant sur des faits, en discutant les motifs de notre administration commerciale, me paraît en général bien supérieur à ce qu'il s'est montré dans les trois premiers livres, lorsqu'il développait des principes abstraits. Je n'adopte pas cependant en tout point les réflexions que la matière lui suggère, et notamment ce qu'il dit de la balance du commerce. Cette balance est certainement utile à connaître ; mais les conséquences qu'il en tire ne sont pas exactes. Un pays peut prospérer, alors même que la différence entre les exportations et les importations paraît lui être le plus défavorable, et déchoir quand le contraire a lieu. Les relevés des importations et exportations sont utiles en ceci, qu'ils font connaître approximativement nos rapports commerciaux avec les différentes nations : en résulte-t-il que les échanges deviennent plus nombreux, plus importans ; alors, quelle que soit la différence apparente entre la valeur des objets échangés, on peut dire, sauf quelques exceptions bien rares, que le commerce s'est accru, que l'industrie s'est développée ; et le gouvernement ainsi averti, peut rechercher les causes de cette prospérité pour la maintenir et l'augmenter même, s'il est possible.

En général, les objets que traite M. Ferrier dans le IV.e livre, l'entraînent trop souvent à discuter de nouveau les principes généraux qu'il a émis dans les livres précédens, et comme j'ai fait connaître, lorsque j'en ai rendu compte, en quoi je différais de doctrine avec lui, je termine ici l'examen de son ouvrage.

FIN.

LYON, DE L'IMPRIMERIE DE BRUNET, PLACE ST-JEAN.

TABLE.

OBSERVATIONS GÉNÉRALES. page
EXAMEN DU DISCOURS PRÉLIMINAIRE. 10

EXAMEN
DU LIVRE PREMIER,
INTITULÉ :
DE LA RICHESSE DES PEUPLES.

CH. 1. *Ce que c'est que la richesse pour les nations.* 21
CH. 2. *De la terre, premier élément de la richesse des peuples.* 25
CH. 3. *Du travail, second élément de la richesse des peuples.* 25
CH. 4. *Des capitaux et de la monnaie, troisième et quatrième élément de la richesse des peuples.* 27
CH. 5. *Des divers systèmes d'économie politique.* 32
CH. 6. *Du travail intellectuel et des produits immatériels relativement à la richesse.* 40
CH. 7. *Valeur et richesse sont-ils synonymes? — Confirmation des principes sur la richesse des peuples. — Élémens du prix des choses. — De la valeur naturelle et de la valeur échangeable. — Du revenu.* 64

EXAMEN

DU LIVRE DEUXIÈME,

INTITULÉ :

DE L'ARGENT.

CH. 1. *Révolutions dans le système des échanges.* page 115
CH. 2. *De la circulation de l'argent ; de son influence sur la production.* 116
CH. 3. *De l'argent, signe, gage et mesure des autres marchandises.* 119
CH. 4. *De l'effet de l'abondance ou de la rareté de l'argent relativement à sa valeur.* 127
CH. 5. *Du prêt à intérêt.* 135
CH. 6. *Des banques et du papier monnaie.* 140

EXAMEN

DU LIVRE TROISIÈME,

INTITULÉ :

DU COMMERCE.

CH. 1. *Des capitaux et de la consommation.* 149
CH. 2. *Des encouragemens à donner à l'agriculture, au commerce et aux fabriques.* 187
CH. 3. *Du commerce intérieur.* 198
CH. 4. *Du commerce extérieur.* 211
CH. 5. *Du commerce de transport.* 229
CH. 6. *Du commerce de l'Inde.* 230
CH. 7. *Du commerce des colonies.* 234

EXAMEN

DU LIVRE QUATRIÈME,

INTITULÉ :

DU SYSTÈME COMMERCIAL. 243

Fin de la Table.

Reliure serrée

www.ingramcontent.com/pod-product-compliance
Ingram Content Group UK Ltd.
Pitfield, Milton Keynes, MK11 3LW, UK
UKHW022011170726
13837UKWH00001B/109

9 782019 709631